問題解決的な学習で創る道徳授業 超入門

「読む道徳」から「考え、議論する道徳」へ

柳沼良太【著】
中央教育審議会道徳教育専門部会委員
岐阜大学大学院教育学研究科准教授

明治図書

はじめに

　道徳が教科化されるのを機に,「読む道徳」から「考え,議論する道徳」へ質的転換をすることが求められている。これまでの「道徳の時間」では,読み物に登場する人物の心情を理解することに偏った形式的な授業が多かった。それに対して,新しく「特別の教科」となる道徳科では,子どもたちが主体的に考え議論する「問題解決的な学習」を活用した道徳授業を積極的に導入することが推奨されているのである。

　これまで筆者は,「問題解決型の道徳授業」を提唱し,従来の形式的な授業スタイルにとらわれず,多様で効果的な道徳授業を行うべきであると主張してきた。道徳の教科化をきっかけに,わが国でも問題解決的な学習を生かした道徳授業（＝問題解決型の道徳授業と同義）が広く周知され普及することを心より期待したい。

　ただし,問題解決的な学習を生かした道徳授業をめぐっては,解釈が混乱しており,その実践例も玉石混交の状態である。そもそも「問題解決的な学習を生かした道徳授業」とは,子どもが自ら道徳的問題に取り組み,どう行動・実践すべきかを主体的に考え,判断し,協働して議論しながら解決する授業である。こうした道徳授業において,子どもは生活経験にもとづいて問題状況を多面的・多角的に考え,当事者の心情に配慮し,創造的に複数の解決策を構想し,それらを比較検討し議論する過程において「生きて働く道徳性」を育成することができる。

　こうした問題解決的な学習で創る道徳授業は,実効性が高い指導方法としてわが国でも「道徳の時間」が特設されて以来,脈々と受け継がれている。世界の道徳教育（人格教育,価値教育,シティズンシップ教育を含む）を見渡しても,問題解決的な学習を用いて道徳授業を展開するのは当然視されており,グローバル・スタンダードでもある。

　特に,わが国の場合,「いじめ問題等への対応」をはじめ,生活習慣の乱

れ，規範意識の低下や自己肯定感の低下，人間関係の希薄化，学習意欲の低下など，子どもの学校生活における道徳的問題が数多くある。また，情報モラルや生命倫理などの今日的課題や，法教育やシティズンシップ教育にも対応することを求められている。こうした山積する喫緊の課題に取り組み，多様な見方や考え方と交流しながら，適切な価値観を創造するためにも，道徳科に問題解決的な学習を導入することは，是非とも必要となる。

もともと各教科等では，問題解決的な学習が積極的に活用されてきている。これからの時代は，道徳でも単に道徳的諸価値を知識として理解させるだけでなく，それらを日常生活でも活用・汎用することのできる「資質・能力」やコンピテンシーを育成することが求められる。こうした方針は，子どもが主体的・協働的・能動的に学習するアクティブ・ラーニングとも対応している。

道徳科が問題解決的な学習を授業に取り入れることで，各教科や領域に先駆けて，総合的で教科横断的なアクティブ・ラーニングを本格的に展開することができる。学校現場でもようやくこうした問題解決型の指導方法が広まってきており，NHKのEテレで放送中の「ココロ部！」でも我々の提唱する問題解決型の道徳授業を取り入れて番組構成を行っている。

これまで筆者は文部科学省の主催する中央教育審議会道徳教育専門部会の委員，学習指導要領等の作成協力委員，道徳教育に係る評価等の在り方に関する専門家会議のヒアリング発表者として，問題解決的な学習を導入した道徳授業の在り方を一貫して提言してきた。

そこで本書では，本来，「問題解決的な学習を生かした道徳授業とはどのようなものか」について理論的にも実践的にもわかりやすく解説することにした。こうした新しい道徳授業を多くの方々と共有するとともに，その応用・発展を協働して探究していけることを祈念したい。

柳沼良太

目次

はじめに

第1章 道徳の新時代到来！新しい形の道徳授業とは ……10

1 「特別の教科 道徳」で求められる道徳授業とは ……10
（1）道徳授業の抜本的改善・充実　（2）今日的課題に対応する道徳授業
（3）「生きる力」を育む道徳授業

2 道徳科の目標に準拠した授業 ……12
（1）新しい道徳科の目標　（2）実効性のある道徳授業
（3）知育と徳育

3 道徳教科化の背景と議論の過程 ……14
（1）道徳教科化の歴史的経緯　（2）いじめ問題等に対応できる道徳科
（3）実効性のある道徳教育の在り方

4 教科化で今までの道徳授業をどう変えるか ……16
（1）認知的・情緒的・行動的側面の総合的な育成
（2）「生きて働く道徳性」の育成　（3）指導と評価の一体化

5 従来の道徳授業とこれからの道徳授業 ……18
（1）従来の道徳授業の特徴　（2）これからの道徳授業の特徴
（3）これからの道徳授業の多様性

第2章 問題解決的な学習で創る道徳授業 基本と様々な種類や方法 ……20

1 問題解決的な学習で創る道徳授業の基本的な考え方 ……20
（1）問題解決的な学習で創る道徳授業の基本
（2）生活経験と道徳授業を結びつける

（3）学校教育全体を通した道徳教育の要

2：問題解決的な学習で創る道徳授業でどんな力が育つのか …22
（1）道徳的判断力の育成　　　　　（2）道徳的心情の育成
（3）道徳的実践意欲と態度の育成　（4）道徳的行動力の育成
（5）道徳的習慣の形成

3：問題解決的な学習で創る道徳授業の歴史的背景 …………24
（1）アメリカの道徳教育論
（2）わが国の問題解決的な学習で創る道徳授業論
（3）道徳科における問題解決的な学習

4：従来の道徳授業に問題解決的な学習を取り入れた授業 …26
（1）心情把握型の道徳授業に問題解決的な学習を取り入れるスタイル
（2）どの場面のどの心情を追求したいか子どもが選択するスタイル
（3）考えたい教材や道徳的問題を子どもが選択するスタイル
（4）道徳授業が学級活動や生活指導を兼ねるスタイル

5：本当の問題解決的な学習を用いた道徳授業 ………………28
（1）「登場人物はどうしたらよいか」を考えるスタイル
（2）「様々な登場人物の立場でどうしたらよいか」を考えるスタイル
（3）「自分だったらどうしたらよいか」を考えるスタイル
（4）「人間としてどうあるべきか」を考えるスタイル

6：問題解決的な学習と体験的な学習を活用した道徳授業 …30
（1）役割演技で解決策を即興で実演する
（2）シミュレーションで応用問題を解決する
（3）スキル学習を取り入れる
（4）礼儀作法やマナーを学習する

第3章 問題解決的な学習で創る道徳授業デザインの仕方 ……… 32

1 授業の目標，ねらいの立て方，主題の設定 ……… 32
（1）授業の目標　　　　　　　（2）ねらいの立て方
（3）主題の設定

2 教材の活用 ……… 34
（1）教材の分析　　　　　　　（2）教材の提示
（3）自作教材の活用

3 発問の構成 ……… 36
（1）主体的に考える発問　　　（2）問題解決を促す発問

4 評価の方法 ……… 38
（1）自己評価　　　　　　　　（2）パフォーマンス評価
（3）ポートフォリオ評価　　　（4）「行動の記録」との関連づけ
（5）関係者の多面的評価

第4章 問題解決的な学習で創る道徳授業 基本の学習指導過程 ……… 40

1 一般的な学習指導過程 ……… 40
（1）「事前調査・指導」で実態と状況を把握する
（2）「導入」の工夫
（3）「展開前段」では道徳的問題を把握し解決する
（4）「展開後段」では問題解決を応用する
（5）「終末」では道徳授業の内容をまとめる
（6）「事後指導」で道徳的実践を評価する

第5章　実際の学習指導過程と具体的な授業の流れ　……………52

1：小学校低学年の事例　教材「みみずくとおつきさま」……52
（1）子どもの実態　　　　　　（2）主題の設定
（3）ねらいの設定　　　　　　（4）教材の概要
（5）教材の分析　　　　　　　（6）学習指導過程の大要
（7）評価方法

2：小学校中学年の事例　教材「絵はがきと切手」……59
（1）子どもの実態　　　　　　（2）主題の設定
（3）ねらいの設定　　　　　　（4）教材の概要
（5）教材の分析　　　　　　　（6）学習指導過程の大要
（7）評価方法　　　　　　　　（8）指導略案

3：小学校高学年の事例　教材「いじめについて考える」……65
（1）子どもの実態　　　　　　（2）主題の設定
（3）ねらいの設定　　　　　　（4）教材の全文
（5）教材の分析　　　　　　　（6）学習指導過程の大要
（7）評価方法

4：中学校の事例　教材「裏庭でのできごと」……73
（1）子どもの実態　　　　　　（2）主題の設定
（3）ねらいの設定　　　　　　（4）教材の概要
（5）教材の分析　　　　　　　（6）学習指導過程の大要
（7）評価方法

第6章　問題解決的な学習で創る道徳授業 留意点と創意工夫 …………81

1　実践の留意点と対策 …………81
（1）慣れが肝心　　　　　　　　（2）多様な考えを尊重する
（3）教材の問題状況を深く読み込む　（4）問題解決の議論をまとめる
（5）子どもたち皆で授業を創る　　（6）問題解決の多様な展開
（7）子どもと教師が一緒に授業を創る　（8）子どもの心理的動揺に配慮する
（9）教師もアドリブ力を高める

2　さらに実践を盛り上げる創意工夫 …………85
（1）板書の工夫　　　　　　　　（2）グループ活動の充実
（3）いじめ問題への対応　　　　（4）気になる子どもへの配慮や支援
（5）自己決定を促す工夫

第7章　問題解決的な学習で創る道徳授業 実践例 …………99

1　小学校での実践例 …………99
（1）小学1年生　　　　　　　　（2）小学2年生
（3）小学3年生　　　　　　　　（4）小学4年生
（5）小学5年生　　　　　　　　（6）小学6年生
（7）韓国の道徳授業

2　中学校での実践例 …………122
（1）中学1年生　　　　　　　　（2）中学2年生
（3）中学3年生

おわりに

第1章 道徳の新時代到来！新しい形の道徳授業とは

1 「特別の教科 道徳」で求められる道徳授業とは

(1) 道徳授業の抜本的改善・充実

　道徳の教科化で最も注目をあびているのは，指導方法の改善である。従来の道徳授業は，「資料に登場する人物の気持ちを考えるだけ」「きまりきった答えを押しつけている」「いくら授業をしても実効性が上がらない」「指導方法がマンネリ化してつまらない」などと批判されてきた。

　こうした道徳授業の課題を克服し，多様化し実効性を高めるために提唱されたのが，問題解決的な学習の積極的な導入である。子ども自身が様々な道徳的問題に取り組み，主体的に課題を設定して，考え，判断し，議論し合うようなアクティブ・ラーニング型の問題解決的な学習が道徳科にも求められてきたのである。こうした学習経験を積み重ねる中で，子どもは単に道徳的諸価値を理解するだけでなく，それを活用・汎用する実践力を獲得し，日常生活でも「生きて働くような道徳性」を身につけられるようになる。

　これまでも文科省が2002年に作成した『心のノート』とそれを2014年に改訂した『私たちの道徳』は，問題解決的な学習や体験的な学習を豊富に取り入れている。しかし，こうした教材は道徳授業用ではなく，学校全体で行う道徳教育用として解釈されたことで，実質的な道徳授業の改善にはつながらなかった。そこで，道徳の教科化を契機に，「従来の心情理解を中心とする道徳授業」から「考え議論する問題解決的な道徳授業」へと質的転換をすることが公示されたのである。

(2) 今日的課題に対応する道徳授業

　道徳の教科化は，いじめ問題等に対応するための方策として提言されたが，それだけではない。むしろ，高度な情報化やグローバル化によって社会が急

激に変化するとともに，価値観が多様化する中で，子どもの自立心や自律性を育成するとともに，基本的な生活習慣，規範意識，人間関係を築く力，社会参画への意欲や態度などを育成することが求められる。さらに，近年は子どもの自己肯定感や自尊感情を高め，具体的な人生の目標や生きる意欲をもてるようにしたいという願いもある。

そうした今日的課題や問題状況の克服に向けて，子どもが道徳的な問題に向き合い，「自分はどう生きるべきか」「人間としてどう生きるべきか」を主体的に考え，判断し，議論し合う問題解決的な学習に大きな期待が寄せられてきた。こうした道徳授業を通して，子どもは漸進的に「肯定的な自己像」を創り上げ，夢や希望をもって人生の目標に立ち向かい，意欲的な態度で自らの人生を歩めるようになるのである。

(3) 「生きる力」を育む道徳授業

今日のような社会では，子どもが自ら実際の多様な問題に取り組み，解決する能力を育成することが不可欠である。OECDの言うキー・コンピテンシー，文部科学省の言う「生きる力」，国立教育政策研究所の言う「21世紀型能力」，アメリカを中心とした21世紀型スキル，イギリスのキースキルと思考スキル，オーストラリアの汎用的能力なども，問題解決能力と非常に関連が深い。道徳科では，単に道徳的諸価値を理解して「内面的資質」を育成するだけでなく，実際の道徳的問題場面でも汎用できる「資質・能力」を育成することが求められる。

学校教育全体の目標となる「生きる力」も，子どもが日常の生活経験において道徳的問題を自ら考え，主体的に判断し適切に行動する中でこそ育まれる。それゆえ，新しい学習指導要領解説の「特別の教科　道徳編」の総説において「道徳性」とは，「生きる力」の中の「豊かな心」のみに対応するのではなく，「確かな学力」や「健やかな体」の基礎ともなると明示されている。こうした「生きて働く道徳性」を問題解決的な学習で育成することになる。

2 道徳科の目標に準拠した授業

(1) 新しい道徳科の目標

　2015年に一部改正された学習指導要領で道徳科の目標は,「よりよく生きるための基盤となる道徳性を養うため,道徳的諸価値についての理解を基に,自己を見つめ,物事を（広い視野から）多面的・多角的に考え,自己の生き方（人間としての生き方）についての考えを深める学習を通して,道徳的な判断力,心情,実践意欲と態度を育てる」（カッコ内は中学校）と示された。

　この目標は2014年10月に出された中央教育審議会道徳教育部会の答申がもとになっている。この答申では,道徳科の目標は,「一人一人が生きる上で出会う様々な問題や課題を主体的に解決し,よりよく生きていくための資質・能力を培うこと」と明確に記されている。

　こうした「資質・能力としての道徳性」を養うためには,子ども自身が様々な問題を主体的に解決する学習が必要になる。道徳性の諸様相と関連づけると,「道徳的判断力,道徳的心情,道徳的実践意欲と態度」をしっかり養い,「道徳的行動力や習慣」につなげることが肝要になるのである。

(2) 実効性のある道徳授業

　問題解決的な学習を生かした道徳授業では,子どもたちが自ら道徳的問題を客観的かつ論理的に考え,問題の当事者の心情にも配慮しながら,望ましい解決策を具体的に構想し吟味し合うことで,道徳的判断力,道徳的心情,道徳的実践意欲・態度を総合的に養う。

　こうした道徳授業では,子どもが自ら道徳的な問題解決に取り組むことで,道徳的価値観を形成するとともに,「自己の生き方」や「人間としての生き方」についても考えを深めることになる。さらに,授業後に解決策を実践し

たり，日常生活に汎用したりすることで，道徳的行動力の育成や道徳的習慣の形成にも役立つのである。道徳授業で学び考えたことが現実生活に反映されなければ「絵に描いた餅」でしかない。逆に，道徳授業で学び考えたことが子どもの人生でも有意義に働き，汎用可能になれば真の道徳性となる。

　子どもが登場人物の気持ちを読みとって，きれいごとや建前を発表するだけでは，現実の行動変容や習慣形成には結びつかない。自分の人間関係や生き方と照らし合わせて，道徳的な問題を切実に考え，「どう行動したらよいか」「いかに生きるべきか」まで根本的に考え議論することで，道徳的な成長に結びつき，日常生活にも深く影響するのである。

　こうした道徳授業は，子どもの認知・情緒・行動に働きかけ，実際の生活経験に生かせるものとなる。そのためには，道徳授業を各教科や特別活動や総合的な学習の時間などと有機的に関連づけて，「道徳的実践の場」における体験活動を通して省察することも極めて重要になる。

(3) 知育と徳育

　学校で優先すべきなのは，知育か徳育かで議論されることがある。学力低下が問題視されると，知育優先の論調が高まり，少年犯罪やいじめ問題が注目されると，徳育優先の風潮が生じる。しかし，認知能力の発達と道徳的判断力の発達がある程度まで関連しているという科学的知見からすると，知育と徳育は相互補完的な関係にある。どちらも現実的な問題を解決する資質・能力の育成が大事になる。そもそも学問やスポーツで優秀な成績をとるためには，第1に，規律正しく，忍耐強く，真面目に取り組むという道徳的価値を身につける必要がある。そこでは，問題状況を正確に把握し，正誤や善悪を冷静に見極め，賢明かつ誠実に判断することが求められる。第2に，学級や学校が安心で落ちついた雰囲気であることが求められる。自他を尊重し合い，心のよりどころとなる学級や学校こそが，学力と道徳性を相互に成長させる基盤となる。こうした知育と徳育を結びつける授業としては，子どもが主体的に学び考え判断する問題解決的な学習が最適である。

3 道徳教科化の背景と議論の過程

(1) 道徳教科化の歴史的経緯

　道徳の教科化については，戦後から一貫して議論されてきた。戦前の修身科を反省しつつ，戦後の社会科とも異なる，独自の道徳科を確立することが希求されてきたのである。1958年に「道徳の時間」が特設された時も，正規の教科にして充実させることが目指された。その後，子どもの素行が乱れ，いじめや校内暴力，学級崩壊などが社会問題になる度に，公共の精神や規範意識を高め，自他の生命を尊重し，豊かな人間関係を築くために，道徳の教科化が繰り返し提言されてきた。

　特に，1987年の臨時教育審議会の第4次答申では，特設「道徳」の内容の見直し・重点化が提言されている。2000年の教育改革国民会議の報告では，小学校に「道徳」，中学校に「人間科」などの教科を設けることが提言されている。さらに，2007年の教育再生会議の第3次報告でも，徳育を「新たな枠組み」で教科化することが提言されている。

(2) いじめ問題等に対応できる道徳科

　こうした流れを受けて，教育再生実行会議が，2013年に発表した「いじめの問題等への対応について（第1次提言）」では，現在行われている道徳教育の指導内容や指導方法が所期の目的を十分に果たしていないと判断した。そこで，「道徳の教材を抜本的に充実するとともに，道徳の特性を踏まえた新たな枠組みにより教科化し，指導内容を充実し，効果的な指導方法を明確化する」ことを強く求めたのである。

　この提言は，これまでわが国で何度も繰り返されてきたいじめ自殺事件を念頭に置き，特に，2011年に滋賀県大津市で中学2年生の男子生徒がいじめ

を苦に自殺した事件を相当意識している。当該の中学校は，この事件の起こる直前の年まで文部科学省から「道徳教育実践研究事業」推進校として指定を受け，いじめ問題にも対応した道徳教育にも積極的に取り組んでいた。それにもかかわらず，実際には凄惨ないじめ問題が起きており，被害生徒の自殺事件にまで至って社会問題化したため，「道徳教育は形骸化している」「もっと実効性のある道徳授業にすべきだ」と警鐘を鳴らすことになった。

こうした中，行政面では「いじめ防止対策推進法」が2013年6月に成立したことを受け，学校でも道徳を新たな枠組みで教科化し，いじめ問題等にも十分対応するように問題解決的な学習が強く求められてきたのである。

(3) 実効性のある道徳教育の在り方

従来の道徳教育は，生徒指導や学級活動とは厳然と区別され，学校教育全体の教育活動を通して「豊かな人間性」や「道徳性」を育成するものとされてきた。要となる道徳授業でさえ，「即効性」を求めるべきではなく，「10年後，20年後に効果が出ればよい」とされ，「実効性」すら失われていった。

もともと従来の道徳授業では，読み物資料に登場する人物の言動を共感的に読みとる方式が多かったため，現実的な問題には十分に対応できなかった。実際に学校現場で問題が起こると，道徳授業で間接的に対応するのではなく，厳正な生徒指導で個別に対応したり，学級活動で集団に直接働きかけたりするのが一般的であった。

こうした従来の道徳授業をそのまま「教科化」しても，それほど効果はないだろう。実効性のある道徳教育にするためには，生徒指導や学級活動にも関連づけ，現実的な諸問題にも対応できるスタイルへ質的転換を遂げる必要がある。その際，教師が子どもに価値を押しつけるような指導ではなく，教師が子どもに寄り添って一緒に問題解決を考えていくスタイルが大事になる。つまり，道徳授業にネガティブで対症療法的な生徒指導を取り入れるのではなく，ポジティブで予防的・開発的な指導方法を取り入れて再構成することが有効になるのである。

4 教科化で今までの道徳授業をどう変えるか

(1) 認知的・情緒的・行動的側面の総合的な育成

　本来，学校教育は子どもの「人格の完成」を目指している。そのために，子どもの認知的・情緒的・行動的側面をバランスよく指導することが求められている。こうした人格形成の基盤を築く上で中核的役割を果たすのが，道徳教育である。ただし，わが国の道徳教育は，これまで人格形成の情緒的側面ばかりを強調し，認知的側面や行動的側面を軽視する傾向があった。また，学校教育では，「生きる力」を育むことが重視されてきたが，従来の道徳教育は，「豊かな心」の育成に偏り，「確かな学力」や「健やかな体」を軽視してきた。さらに，従来の道徳授業は，道徳的心情の育成に偏りすぎて，道徳的判断力や道徳的行動力を養うことに難があった。

　そこで，道徳が教科化するのを機に，学校教育本来の趣旨に立ち返り，子どもの人格の完成を目指すために，「よりよく生きる力」の基礎となる「道徳性」を総合的に育成することが目指されたのである。そのためには，道徳的な認識や判断にかかわる認知的側面，道徳的な心情や意欲にかかわる情緒的側面，道徳的な行為や習慣にかかわる行動的側面をバランスよく育成する必要がある。こうした道徳性の認知的・情緒的・行動的な資質・能力を養う問題解決型の道徳授業は，道徳教育のグローバル・スタンダードにも則したものである。

(2)「生きて働く道徳性」の育成

　道徳性の認知的側面を育成するためには，まず道徳の基礎・基本となる知識や技能を理解する必要がある。そこでは，偉人や先人の名言や格言を学ぶことも有効である。そして人生の様々な問題状況に対してその知識や技能を

活用してみる。その際，過去の経験や将来の展望を踏まえて，解決策の妥当性や汎用性を考えることが大事になる。こうした道徳の基礎や原則を習得することで，その応用や発展もできるようになる。

次に，道徳性の認知的側面をいっそう育成するためには，道徳的問題を個人で内省するだけでなく，集団で議論することが重要になる。皆で協働して道徳的問題を解決し，将来の生き方を探究する中で，視野が広がり実践可能な能力も徐々に身につくからである。こうした問題解決的な学習は，どんな社会を築き上げたいかを考えるシティズンシップ教育，あるいは自他の権利や責任を尊重する法教育とも結びついていく。

そして，道徳性の行動的側面を育成するためには，道徳的行為や習慣に関する指導を行うことも大事である。問題解決の場面で役割演技や各種スキル的学習を取り入れた「体験的な学習」や，「道徳と特別活動などの連携」を行い，授業で考えたことを生活実践の場に移すことを積極的に推奨すべきである。「生きて働く道徳性」は，実践的な場を通してこそ育成されるからだ。

（3）指導と評価の一体化

道徳授業の指導方法をよりよく改善するためには，適切な評価方法を導入する必要がある。また，子どもの道徳的な発達状況や発達課題を把握するためにも，評価は有効である。その際，子どもの努力や学習成果を認め励まし勇気づけるような肯定的評価をするべきであろう。

問題解決的な学習を導入すれば，子どもたちが協働して問題を解決する過程を「思考・判断・表現」「関心・意欲・態度」などで観点別に評価できる。その際には，目標に準拠した形で道徳的問題をパフォーマンス課題として設定して，その学習過程に注目することが大事になる。また，子どもたちが問題解決に取り組んだ道徳ワークシートを活用し，ポートフォリオ評価を行うこともできる。子ども自身が学期や学年でどれくらい成長したかを確認し，今後の目標や課題を設定することができる。さらに，子どもが自ら考えた解決策や改善策を実践し省察する姿を中長期的な視野で評価することもできる。

5 従来の道徳授業とこれからの道徳授業

(1) 従来の道徳授業の特徴

　従来の道徳授業は，登場人物の心情を理解させ，道徳的価値の自覚を深めさせることで，子どもの道徳的心情や道徳的態度を育成しようとするところに特徴がある。一般的な学習指導過程としては，展開前段で教材を読んだ後に，登場人物が「どんな気持ちだったか」を場面ごとに問いかける。その中で，登場人物は「なぜそうしたか」「〜にはどんな意味があるか」と問いかけ，言動の意味を考えさせることもある。展開後段では，子どもに日常生活を振り返らせ，道徳的価値の一般化を図ることになる。

　こうした従来の道徳授業は，主人公の心情を共感的に理解させ，作者が教材に込めた道徳的価値を自覚させることに重点を置く。国語科の物語文を読解する指導方法と類似しているため，単純でわかりやすいという利点がある。1958年に「道徳の時間」が特設された当時は，「道徳授業は格別に難しいもの」と見なされ実施率が低かったため，できるだけ簡単でわかりやすい組み立てが求められた。そこで，道徳授業を短期間で全国的に普及・徹底させるために，1960年代半ばから旧文部省では読み物資料とその指導方法を提示して，この心情理解に偏った道徳授業を広めていったのである。

　こうした従来の道徳授業では，子どもが登場人物の心情や行為の意味を理解しても，そこで学んだ道徳的価値を日常生活に生かす必要はないため，実効性に乏しかった。また，登場人物の言動に誤りがあったとしても，それを批判的に考えさせる指導はあまりなかった。

(2) これからの道徳授業の特徴

　問題解決的な学習を取り入れた新しい道徳授業は，子どもが問題を自ら考

え，主体的に価値判断し，様々な解決策を思い描き，互いに考え議論し合うところに特徴がある。

こうした問題解決的な学習を生かす授業は，戦後の社会科でも活用され，「道徳の時間」が特設された当初の1958年から1965年頃までは盛んに実施されて，進歩主義教育を継承する大学研究者や教師の間でも積極的に推進されてきた。こうした道徳授業は，子どもが人生で出会う様々な問題に主体的に取り組み，広い視野から多面的・多角的に考えることで，自己の生き方や人間としての生き方について考えを深めることができるため，21世紀を迎えた現代において再評価されてきたのである。

(3) これからの道徳授業の多様性

問題解決的な学習で創る道徳授業では，教材を読んだ後に，「この時，主人公はどうしたらよいだろう」「自分ならどうするだろう」「人間としてどうすべきだろう」と尋ねることがポイントである。つまり，「何をなすべきか」「どのようにしたらよいか」という方法知や実践知にまで踏み込むことで，「生きて働く道徳性」を育てようとするのである。

こうした発問をすることで，迷いや葛藤を大切にした展開，知見や気づきを得る展開，創造的かつ批判的に考える展開も多様にできるようになる。道徳的な問題を解決するためには，教材に登場する人物の心情を理解するだけでなく，問題状況を正確に把握し，子どもの生活経験や現実社会と結びつけ，具体的な解決策を考えることも大事になる。

また，問題解決的な学習で創る道徳授業では，問題場面で役割演技やスキル学習などを行って，実際の体験からも学べるようにもする。教師が教え込むのではなく，「どうすれば解決できるか」を子どもが自ら考え判断し，体験的な学習で実践しながら知恵や技能を習得するのである。こうした道徳授業は，その時間だけで完結することなく，事後の教育活動にも関連していく。子どもが現実生活で主体的に道徳的問題を解決できるように配慮することで，それぞれの人格形成を促すことができるのである。

第2章 問題解決的な学習で創る道徳授業 基本と様々な種類や方法

1 問題解決的な学習で創る道徳授業の基本的な考え方

(1) 問題解決的な学習で創る道徳授業の基本

　問題解決的な学習で創る道徳授業では，子どもが自ら道徳的問題を考え，主体的に判断し，解決していく。子どもが自ら道徳的問題に取り組み，問題の原因を探るだけでなく，解決するために「何をすべきか」「なぜそうすべきか」「どう行動すればよいか」「何ができるか」まで具体的に考え，判断し，議論する。

　こうした授業で，子どもは自分の経験を振り返ったり，道徳の原理・原則を学んだりした上で，問題の因果関係や人間関係も考えて総合的に判断する。そのため，道徳授業で学んだ内容を自分の日常生活にも生かすことができるので，実効性も高まるのである。

　ただし，単に道徳的問題を子ども同士で自由に話し合わせるだけでは，ねらいとする道徳的価値に迫ることができないし，学習指導要領の内容項目を適切に指導することもできない。そこで，問題解決的な学習で創る道徳授業では，ねらいとする道徳的価値や内容項目を系統的かつ計画的に教育することを前提とした上で，子どもたちが道徳的な問題解決について自由に話し合う活動を展開していくのである。

(2) 生活経験と道徳授業を結びつける

　問題解決的な学習で創る道徳授業では，子どもが自ら道徳的問題に取り組み，問題の当事者の心情を共感的に理解し配慮しながら，望ましい解決策を具体的に構想し吟味し合うことで，道徳的判断力，道徳的心情，道徳的実践意欲・態度を総合的に養う。

　こうした道徳授業では，子どもが自ら道徳的な問題解決に取り組むことで，

道徳的価値観を形成するとともに,「自己の生き方」や「人間としての生き方」についても考えを深めることになる。

また,事後指導として,問題の解決策を実践したり汎用したりすることで,道徳的行為や道徳的習慣の育成にも関連づけ,知・徳・体をバランスよく育成する。

道徳授業は,単に教材で架空の物語を読んで建前を述べるだけでは,子どもの現実世界から遊離してしまい,机上の空論となりかねない。やはり,道徳授業は,子どもの日常的な生活経験に結びつけ,各教科や特別活動や総合的な学習の時間,さらには家庭や地域での活動とも関連づけながら学ぶことで,本当の問題解決能力を育成することができる。道徳授業での学びが学校の教育活動や家庭・地域での活動に生かされることで,道徳性はより確かに生き生きと高まっていくのである。

(3) 学校教育全体を通した道徳教育の要

問題解決的な学習で創る道徳授業は,子どもの道徳的な省察と実践に深くかかわるため,学校の教育活動全体を通じて行う「道徳教育の要」となる。

道徳的な問題は,各教科などの学習活動や体験活動と関連して多様にある。例えば,勉強やスポーツでよい成績をとるためには,勤勉や自主・自律や克己心などの道徳的価値が必要になる。また,理科で生き物について考える際には,生命尊重や自然愛護のような道徳的価値が大事になる。社会科で世の中の仕組みを学ぶ際には公正,公平,社会正義,公共の精神などの道徳的価値が必要になる。

子どもは問題解決的な学習で創る道徳授業で,学校教育全体の生活習慣や学習活動を振り返って省察することができるとともに,授業で育成した問題解決能力を各教科等で汎用することができる。こうした道徳授業では,当たり前の道徳的価値をただ再確認するのではなく,道徳的な問題解決能力を育成して,よりよく生きるための道徳性を高め,日常生活に汎用できるようにするのである。

2 問題解決的な学習で創る道徳授業でどんな力が育つのか

　道徳科の目標は，よりよく生きるための基盤となる「道徳性」を育成することである。こうした道徳性を育成するためには，子どもが単に道徳に関する知識や技能を覚えるだけでなく，それを具体的な問題場面において汎用し解決できる資質・能力を育成することが大事になる。

　道徳性を構成する主な諸様相としては「道徳的な判断力，心情，実践意欲と態度」がある。この他に，道徳性は「道徳的行動力」や「道徳的習慣」とも関連している。問題解決的な学習で創る道徳授業でどのような資質・能力としての道徳性が育つかを以下で説明したい。

(1) 道徳的判断力の育成

　問題解決的な学習で創る道徳授業では，子どもが様々な問題状況においてどのように対処することが望ましいかを考え，主体的に判断するため，実践的な道徳的判断力が育つ。こうして子どもは人生において出会う多様な問題状況においても，機に応じて適切な道徳的行為の在り方を判断できるようになる。また，問題解決の学習過程で，自分自身の生き方や行動を振り返り，根本的かつ多角的に省察する力がつき，よりよい生き方を探究する能力になる。

(2) 道徳的心情の育成

　子どもは問題状況に取り組み，他者の立場になって考えることで他者の気持ちを共感的に理解するようになるため，道徳的心情が育つ。また，様々な解決策を比較し話し合う中で，正しさや善良さに快さを感じ，不正や邪悪なことに不快さを感じるようになる。さらに，偉人や先人の生き方に崇高さを感じとり，偉大なことをなすことを喜ぶようになる。こうした道徳的心情は，

自尊心や自制心の基礎を培うとともに，道徳的行為の動機にもつながる。

（3） 道徳的実践意欲と態度の育成

　子どもは道徳的問題をどう解決すべきかを考えることで，望ましいとされる行為や習慣を主体的に行おうとする意欲をもつようになる。上述した道徳的判断力と道徳的心情が調和的に結びつくことで，道徳的実践意欲が高まる。また，そうした道徳的実践意欲にもとづいて実際の道徳的行為に向かおうとする具体的な身構えとしての道徳的態度も培われる。

（4） 道徳的行動力の育成

　子どもは道徳的判断力や道徳的心情にもとづいて問題をいかに解決するかを考えることで，道徳的行為を実行する能力が高まる。単に道徳的な考えを抱くだけでなく，それを様々な問題に適用して実際に行う道徳的行動力が育つのである。また，人生で様々な問題に直面した際に，相手の意見を尊重し，自分の思いを適切に伝え，互いに納得できる解決策（納得解）を協働して考え，実行できる行動力も育つ。上述の道徳的判断力，心情，実践意欲と態度が高まることで，道徳的行動力も育つわけだが，逆に，道徳的行動力が育つことで，道徳的判断力，心情，実践意欲と態度も育つ。

（5） 道徳的習慣の形成

　子どもは授業中に考えた解決策を実行し，よい経験を繰り返し積み重ねることで，道徳的習慣を形成する。こうした道徳的習慣が形成されることで，道徳的判断力・心情・実践意欲・態度が一定の心的傾向となり，道徳的行為も自然にできるようになる。こうした道徳的習慣が定着してくると，芯のある人格が形成される。道徳的習慣が形成されると，道徳的判断力，道徳的心情，道徳的行動力にもよい影響を及ぼし，人格の完成へと近づいていく。

　このように問題解決的な学習で創る道徳授業では，道徳性の諸様相を有機的に関連づけながらバランスよく育成することになる。

3 問題解決的な学習で創る道徳授業の歴史的背景

(1) アメリカの道徳教育論

　問題解決的な学習を生かした道徳授業は，古今東西で開発され実践されてきている。まず，デューイ（John Dewey）は1890年代から子どもが主体的な問題解決を通して経験を再構成することで，連続的な道徳的成長を遂げると主張している。それゆえ，教師が「因習的道徳」や「観念的道徳」を教え込むのではなく，子どもが問題状況を見出し，それを解決するために情報収集や観察を行い，行動方針を立案し，その効果を予想しながら話し合う問題解決型の道徳・倫理授業が重要であると提唱していた。

　次に，ラス（Louis E.Raths）やハーミン（Merrill Harmin）らは，1960年代後半から1970年代にかけて「価値の明確化」を提唱した。この授業では，子ども一人ひとりの主体性や個性を尊重し，本当の自分らしい価値観を明確にすることを指す。ただし，道徳的問題の選択や価値判断までもすべて子どもにゆだねてしまい，自由気ままな話し合いの授業となる点には難があった。

　価値の明確化論を批判的に継承したコールバーグ（Lawrence Kohlberg）は，1960年代末頃から道徳的葛藤状況（モラル・ジレンマ）を子どもに提示して，「主人公はどうすればよいか」を議論する授業を開発している。ただし，モラル・ジレンマ授業は，正しい判断を決定することは目指さないため，それぞれ主張を表明し合ってオープンエンドで終えることが多く，授業後の道徳的行為につながらないことも多かった。

　以上の指導方法を踏まえて，リコーナ（Thomas Lickona）らは1990年代から「新しい人格教育」を提唱している。彼らは道徳的価値を計画的・系統的に指導する従来の人格教育を尊重しつつも，価値の明確化論やモラル・ジレンマ授業の指導方法を取り入れていった。従来の人格教育のように核心的

価値を教え込むのではなく，子どもたちが問題を考え話し合う中で核心的価値を習得し，日常生活でも実践できるよう工夫している。

（2）わが国の問題解決的な学習で創る道徳授業論

わが国でも，戦後には問題解決学習を取り入れた道徳授業が数多く開発・実践されてきた。例えば，勝部真長は「道徳の時間」が特設された1958年から問題解決学習にもとづく道徳授業を提唱している。導入で子どもの身近な生活から考え，展開部で問題解決学習を行って内面化を図り，再び終末で子どもの生活に戻す指導過程である。大平勝馬も1963年には問題解決学習を道徳授業に導入している。導入で問題を意識化して，展開部でその問題の分析・具体化・追求・深化・究明・理解に至り，終末で問題の整理・反省をして，実践へ意欲づける。

その後，1965年に文部省が「道徳の読み物資料」を作成すると，心情理解に偏った形式的な指導方法が広まっていくが，そうした中でも平野武夫は「価値葛藤の場を生かす道徳授業」を提唱し，問題解決学習の新しい展開を広めている。

（3）道徳科における問題解決的な学習

以上のように，問題解決的な学習を取り入れた道徳授業は，国内外で開発され継承されている。21世紀に入って学習理論が洗練されるにつれ，汎用性の高い資質・能力（コンピテンシー）を育成するために，アクティブ・ラーニングに対応した問題解決的な学習が再評価されてきた。こうして道徳科の授業でも，問題解決的な学習が有効活用される気運が生じたのである。

問題解決的な学習で創る道徳授業は，子どもが道徳的問題に取り組むとともに，道徳的価値の理解も深められるよう創意工夫され，計画的かつ発展的に内容項目を総合的に指導できるようにしている。また，道徳授業で考えた行動指針や解決策を日常の道徳的な行為や習慣に関連づけることで，道徳教育の実効性を高める手立てともなっている。

4 従来の道徳授業に問題解決的な学習を取り入れた授業

　従来の道徳授業を克服するために，わが国でも問題解決学習を生かした道徳授業が数多く開発されてきた。例えば，荻原武雄と清水保徳は編著『問題解決学習としての道徳授業』（1999年）を刊行し，明治図書発行の『道徳教育499号』（2000年6月号）や『道徳教育687号』（2015年9月号）では，問題解決学習を道徳授業に導入した授業理論と実践例を特集して提示している。ただし，それらは従来の道徳授業に問題解決学習の一部を取り入れただけの実践も多く，玉石混交の状態である。

（1）心情把握型の道徳授業に問題解決的な学習を取り入れるスタイル

　基本発問や中心発問として「登場人物はどのような気持ちだったか」をいくつか問いかけ，その後で補助発問あるいは「深めの発問」として，「主人公はどうすればよいか」「自分だったらどうするか」と尋ねる方式がある。問題場面での判断を補足的に問いかけ，揺さぶりをかけるのである。
　こうした道徳授業は，従来の心情理解に偏った指導法の枠内で構成されているため，結論はすでにきまっており，相対立する価値葛藤の問題を分析して考察したり，自由に解決策を構想したりすることは困難である。

（2）どの場面のどの心情を追求したいか子どもが選択するスタイル

　「登場人物のどの場面の心情を追求したいか」を子どもに選択させる方式もある。例えば，物語を読んだ後に，子どもたちに話し合いたい場面を「主体的？」に選択させるのである。これは実質的に物語で場面ごとの心情を把握させる授業パターンと同じである。
　考える場面だけを子どもに選ばせても，たいてい教師が重視する場面（物語のクライマックス）と同じになりがちである。たとえ子どもが独創的な場

面をいろいろ提案してみても，それらを授業で取り上げてもらえなければ，子どもはやる気を失うだけである。

(3) 考えたい教材や道徳的問題を子どもが選択するスタイル

「どの読み物教材を読みたいか」を子どもに選択させる方式もある。これも子どもに「教材」を選ばせている点では，子どもの主体性を尊重しているとは言える。しかし，子ども中心の場当たり的な無計画な指導になりがちである。

「日常生活のどのような問題を考えたいか」を子どもに提案させて話し合う方式もある。例えば，学級で盗難やいじめがある場合に，その解決策を考える授業である。ここまでくると，その時々の生活指導や学級活動と同じ恣意的な内容になるため，特定の道徳的価値と関連づけることは困難になる。

また，「社会現象や社会問題で何を考えたいか」を子どもに提案させる方式もある。子どもが新聞や雑誌，本，テレビなどで興味をもったテーマを取り上げ，それを皆で話し合うのである。

さらに，「信号機はなぜ必要か」「差別はなぜ悪いか」など課題設定は多岐にわたる。こうした授業は社会科の授業のように社会的認識を深める点ではよいが，子どもにテーマ設定まで任せてしまうと，これまた恣意的な指導内容になり，計画的かつ系統的な指導を行うことはできない。

(4) 道徳授業が学級活動や生活指導を兼ねるスタイル

日常生活における道徳的問題を道徳授業で話し合うパターンもある。この場合，道徳授業が学級活動や生活指導のようになることもある。例えば，「運動場の使い方をどうするか」「飼育していた昆虫が死んだらどうするか」「席替えをどうするか」「掃除当番をどうするか」などを話し合う。

こうした日常の問題を解決することも道徳教育の一環ではあるが，学級活動や生活指導と変わらず，年間指導計画などで予定されている道徳的価値を計画的・系統的に学習することにならない。

5 本当の問題解決的な学習を用いた道徳授業

　問題解決的な学習を生かした道徳授業の基本は，子どもが問題場面に向き合って，「登場人物はどうしたらよいか」「自分だったらどうしたらよいか」「人間としてどうあるべきか」について話し合うことである。

(1) 「登場人物はどうしたらよいか」を考えるスタイル

　まず，教材で提示された問題場面を理解し，「登場人物はどうしたらよいか」という解決策を考える方法がある。子どもの身近な生活が話題であれば，登場人物に共感しながらいろいろな多角的・批判的・創造的なアイデアを出すことができる。この場合，物語を一通り読んでから，「登場人物はどうしたらよかったか」を振り返って考察するパターンがある。例えば，主人公が失敗した場面から振り返って，「主人公はどこでどのような言動をすればよかったか」について考えるのである。

　次に，結論の部分をカットして，問題状況だけを提示して，「このような場面で主人公はどうしたらよいだろう」と問いかける方法がある。子どもは自分の過去の経験や将来の見通しをしながら，主人公の立場から様々な解決策を自由に提案することになる。

　単に「どうしたらよいか」と聞くと中立的だが，「どうすべきか」と聞くと規範的な答えを求める傾向になり，「どうすることができるか」と聞くと様々な可能性を探究する傾向になる。

(2) 「様々な登場人物の立場でどうしたらよいか」を考えるスタイル

　主人公の立場だけでなく，様々な登場人物の立場になって，「どうしたらよいか」を考えることもできる。物語の中には様々な利害関係者が登場するため，立場を入れ替えて多面的・多角的に考えてみるのである。

対立する立場，強者や弱者の立場，知人や第三者の立場，動植物の立場などに配慮することで，客観的でより公平な見地から納得し合える価値観を創り上げることができる。

(3)「自分だったらどうしたらよいか」を考えるスタイル

子どもは実際に「自分が登場人物の立場だったらどうしたらよいか」を尋ねられると，本気で切実に考えるようになる。ただ常識的なことを言うだけでは，問題の解決に至らないことがあるし，理想的なことを言うだけでは，自分をとりまく現実と合致しないことにもなりがちだからである。子どもたちはこうした問題状況に自分を置いて，具体的に様々な解決策を見出し，それを比較検討しながら話し合う中で，自らの思考力や判断力や想像力を存分に発揮するのである。

ただし，偉人や先人を取り扱った歴史的な場面では，なかなか判断がつかなかったり，すでに話の結末を知っていたりすることもある。その場合は，偉人や先人の言動を参考にしつつ，自分だったらどうするかを考えて比較検討してみるとよいだろう。

(4)「人間としてどうあるべきか」を考えるスタイル

道徳的問題を解決する際に，ただ理想的な考えを提示したり，安直に周囲の考えに流されたりすることがある。例えば，弱者が虐げられている時，「いつでもどこでも助けに行く」という解決策がある。ただ，実際は人間としての弱さや限界があるため，理想通りにはいかないこともある。だからといって，「見て見ぬふりをする」という解決策で諦念しているだけでもよくない。

そこで，「人間の生き方としてそれでよいのか」という問いかけが重要になる。こうした「人間としてのよりよい生き方」をじっくり考えることで問題解決の糸口が見えてくることもある。人間の生き方については，様々な名言や格言を参照して問題を解決するヒントにするのもよいだろう。

6 問題解決的な学習と体験的な学習を活用した道徳授業

　問題解決的な学習を活用した道徳授業では、子どもが多様な解決策を表現できる場や機会を設定するために、体験的な学習として即興的な動作化、役割演技（ロールプレイ）、コミュニケーションを深める活動など多様な表現活動を積極的に取り入れることができる。

　こうした表現活動は、道徳の問題状況における臨場感を高めるため、子どもは道徳の問題状況により興味や関心を抱くようになる。さらに、自分の考えを表現する活動を通して道徳的な課題を自分自身のこととして切実に捉え、解決に取り組むことができるようになる。

　その際、動作化や役割演技が単なる興味本位に流されないように、道徳科のねらいを踏まえて、子どもが自ら考え、主体的に判断し、道徳的価値についての考えを深められるように配慮する必要がある。

(1) 役割演技で解決策を即興で実演する

　登場人物の立場になって即興的に問題の解決策を動作化したり、役割演技したりして考えることも有効である。例えば、読み物教材の葛藤場面までを提示して、子どもたちが登場人物のとるべき行動（解決策）を即興的に演じる。教材「手品師」で言えば、子どもたちは「大舞台へ向けて出発するか」「少年のところへ行くか」という葛藤場面でいろいろな解決策を考え、それぞれの解決策を役割演技して、その善し悪しを比較して考えるのである。

　この場合、葛藤場面を多角的かつ批判的に考察し、創造的に様々な解決策を構想することを許容するようにする。実際の教材では、手品師が大舞台への出演を断り少年のもとに行くという解決策だが、その選択肢だけでなく、手品師が大舞台に子どもを連れていく解決策や子どもに事情を話して納得してもらう解決策なども役割演技をして検討する。

(2) シミュレーションで応用問題を解決する

　展開前段で取り上げた教材の問題解決をもとにして，別の話題を応用問題として考えることができる。例えば，教材「絵はがきと切手」で問題解決した後に，類似の問題として「友達に不快な思いをさせたくなくて，友達の間違いを指摘できない事例」を出して考えさせる。

　教材の問題が偉人・先人の話で心理的に距離がある場合，あえて身近な問題に置き換えることもある。例えば，フランクリンの自叙伝を読んだ後に，「節度・節制」に関する自分の身近な話題を取り上げて考える。

(3) スキル学習を取り入れる

　実際の問題場面でどのようにふるまえばよいかを考え，スキル学習をすることができる。例えば，いじめの場面で傍観者の立場から加害者にどう対応するか，被害者をどう助けるかを具体的なスキルとして学習する。

　また，セルフアサーション（自己主張）の学習を取り入れることもできる。相手が嫌なことをしてきた場合の対応として，①何も言わずに無視する，②相手を非難し拒絶する，③自分の気持ちをさわやかに主張する，どれがよりよい解決策かを役割演技して比較検討するのである。

(4) 礼儀作法やマナーを学習する

　礼儀作法やマナー，エチケットに関する学習は，ある一定の動作や所作を型として具体的に理解した上で，それを体験的に学習する方法が有効である。基本的な知識や技法を理解した上で，実際の様々な場面を想定して，シミュレーション型の体験的な学習を行ってみるのである。

　こうした体験的な学習は慣れも大事である。子どもが自らの考えをのびのび表現できるように，日常の学習活動でも役割演技やスキル学習を取り入れ，互いの表現活動を尊重し合えるようにすることが大切である。

第3章 問題解決的な学習で創る道徳授業デザインの仕方

1 授業の目標，ねらいの立て方，主題の設定

(1) 授業の目標

　問題解決的な学習で創る道徳授業をデザインする場合，まず道徳授業の目標を明確に設定する必要がある。道徳授業の目標は，生きて働く道徳性を育成することである。特定の道徳的価値を理解する程度では，こうした資質・能力としての道徳性を育成することはできない。

　例えば，架空の物語を使って「親切」についての自覚を深めたとしても，実際の生活場面ではAさんへの親切とBさんへの親切が対立していることがあるかもしれない。また，Aさんの悪事に対する「寛容さ」が，それを許さない「正義」と対立しているかもしれない。こうした道徳的な問題状況を冷静に見据えて，いろいろと解決を考えることが「生きて働く道徳性」を育てることになる。

　子どもたちの実態や道徳性の発達段階，問題状況（困り感）を踏まえ，どのような道徳授業が効果的か吟味し，授業のねらいをきめ，有意義な教材や指導方法を選んで，その理由を指導案に書き込んでおく。

(2) ねらいの立て方

　年間指導計画を踏まえ，道徳科の内容項目と関連づけた授業のねらいを設定する。従来の道徳授業では，道徳科の内容項目を重視するあまり，単一の道徳的価値を理解すること自体がねらいであるかのように思われたこともあった。しかし，これからの道徳授業で大事になるのは，どのような資質・能力としての道徳性を育成するかということである。授業を通して「どの道徳的価値を理解するか」だけでなく，「何ができるようになるか」を念頭にねらいを立てることが大事になる。

また，ねらいは従来のように道徳性の情緒的側面（道徳的心情，道徳的実践意欲・態度）にばかり偏らず，認知的側面（道徳的思考力・判断力）や行動的側面（道徳的行動力や習慣）を含め，バランスよく設定する必要がある。問題解決的な学習で創る道徳授業で重視するのは，道徳的判断力や道徳的行動力の育成である。道徳科の評価においても，授業における思考・判断・表現や，日常生活における行動・習慣に注目することになる。

　このように授業のねらいは，子どもたちの実態や学校・学級の諸行事に応じて柔軟に入れ替える必要がある。その際は，年間指導計画に示されている主題名やねらいに即して，教材や指導内容や指導方法が入れ替え可能であるかを検討する。問題解決的な学習は，教師と子どもがともに創り出す授業であるため，教師の想定を超えて，ねらいとは違った展開をすることもある。その際は，大きな指導方針を踏まえつつ，子どもたちのダイナミックな議論を受け入れる覚悟も大事である。

（3）主題の設定

　次に，子どもの実態や発達段階を踏まえて主題設定の理由を明らかにする。「なぜこのような授業を行う必要があるのか」について子どもたちの様子や学校の実情を踏まえて課題を設定し，それに対応した主題とする。例えば，「子ども同士の人間関係で困っている様子が見られる」「公共的な場における規範意識に欠けた行動が見られる」「自己肯定感が低い」などの問題状況や道徳性の発達段階をきちんと把握しておく。

　そうした子どもの問題状況や発達段階を踏まえて，教師や保護者の願いを示し，できるだけ具体的な目標を設定する。ここでは活用する教材の内容とその特質を説明し，それを取り上げた意図を示し，指導の在り方などを記述してもよい。主題の設定は，年間指導計画や内容項目と関連づけて抽象的な捉え方をすると，子どもの道徳性の実態と関連性がわかりにくくなることがある。できるだけ子ども一人ひとりの実態や学習場面を予想しながら，多様で効果的な指導方法を工夫することが肝心になる。

2 教材の活用

　ねらいや主題とのかかわりで，教材にどのような道徳的問題が含まれ，それに関連するどのような道徳的諸価値が含まれているかを把握し，その解決策を十分検討しておくことが重要になる。

　教材をどのように活用すれば，子どもたちが主体的に問題解決に取り組み，道徳的諸価値の理解を深め，ねらいとする資質・能力を育成できるかを分析する。ただし，読み物教材などは子どもたちが道徳的問題を自ら考え主体的に判断するための手段であるため，教師が特定の価値観を子どもたちに押しつけることにならないよう留意する必要がある。

(1) 教材の分析

〇教材に含まれる問題を確認する

　どの教材にも大小様々な問題が含まれている。ねらいとする道徳的諸価値に迫り，生きて働く道徳性を育むためにどの問題点を特に取り上げるのか明確にしておく。

〇問題に含まれる道徳的諸価値を抽出する

　1つの問題の中にも複数の道徳的諸価値が含まれている。そうした場合，中心価値だけでなく周辺価値を押さえておく必要がある。特に，葛藤状況においての道徳的諸価値の関係性を分析しておく。

〇問題の対立点を明確にする

　道徳的な問題状況で，どのような考え（価値観）が対立しているか，誰が満足な状況で誰が不満足な状況にあるかを分析する。また，その対立点を解決する方法を構想しておく。

〇解決策を分析する

　教材に登場する人物たちが提示する解決策について，「それは妥当か」「よ

りよい解決策はないか」「第3の解決策はないか」を検討する。

(2) 教材の提示

　教材の分析を踏まえて，その提示方法も工夫する必要がある。問題解決的な学習における教材の提示法は，大別して以下の3通りである。
○教材の全文を提示するパターン
　全文を示せば，物語全体がわかっているため，原因と結果を踏まえて解決策の善し悪しを考えることができる。そこでは，主人公の言動を賛否両論で考えるとともに，別の解決策も探して比較検討してみてもよい。
○問題場面までを提示するパターン
　登場人物が葛藤する場面だけを提示し，結末（結論）の場面をカットすることもできる。この場合，子どもが主体的に多様な解決策を構想することができる点で優れている。カットした部分を後で提示する場合は，それが必ずしも模範解答ではないことを断った上で，子どもたちの考えた解決策と比較検討してみるとよい。
○教材を改変して提示するパターン
　教師が教材を一部改作し，問題解決用にアレンジしてみるのもよい。子どもたちが簡単に解決策を想定できる問題ではなく，子どもたちが協働して探究しながら解決策を創り出せる問題にして提示する。

(3) 自作教材の活用

　既成の教材だけでなく，実際の日常生活で起きた（起こりそうな）道徳的問題を脚色して教材を作成してもよい。ただし，自作教材があまりに実際の子どもの生活と密着して生々しいと，刺激が強すぎて冷静に話し合えないため，適度に状況や人物の設定を変える必要がある。また，展開前段で既存の教材を使った後に，応用問題としてシミュレーション用の短い教材を作成してもよい。例えば，展開前段で教材「生きたれいぎ」を用いた後，展開後段で実際にあった礼儀作法の話を教材にして提示するのである。

3 発問の構成

　問題解決的な学習では，発問が非常に大事である。いつも形式的な発問をするのではなく，道徳的な問題解決に役立つ発問を構成して，子どもたちが自由に交流し話し合える展開になるよう配慮する。

　その際，授業のねらいに的確に迫るための発問も用意しておく必要がある。子どもが道徳的諸価値と関連づけながら，物事の真実や人間としての生き方について考えを深め，よりよく生きようとする意欲を高められるような発問を吟味することが大事になる。

(1) 主体的に考える発問

　道徳授業でいろいろな物語を読む場合，それを他人事として受け身で考えているうちは，心に響いてこないものである。それに対して，「登場人物はどうすべきだろうか」「自分だったらどうするだろうか」「主人公のようにするだろうか」「別のやり方はないだろうか」などと主体的に考えはじめると，切実な問題として心に迫ってくる。

　他人事であれば建前できれいごとを言える場合でも，自分のこととして捉え，その結果に責任をとらなければならないと思えば，真剣に考えはじめる。

(2) 問題解決を促す発問

　問題解決的な学習指導過程で非常に重要なのは，子どもが多種多様な解決策を出した後に，それらを1つに絞り込んでいくプロセスである。「どの解決策もすべてよい」としてしまうと，無責任で不道徳な言動も認めてしまうことになる。そこで，多様な解決策の理由を皆で比較して話し合う中で，最善の解決策を選びとることが必要になる。複数の解決策を絞り込み，ねらいとする道徳的価値に迫るために，次のような原理が利用できる。

①解決策の結果を考察する

　まず,「どうしてそう思うか」と理由を問うだけでなく,「そうしたらどうなるか」と結果も問う。解決策を考えた理由や動機だけ問えば,さしさわりのない建前や理想論に流れがちである。しかし,「その結果どうなるか」まで踏み込んで考えると,本音や現実論も出てくる。実際の生活に役立てるためには,実践可能な形に練り上げた解決策が大事になる。

②可逆性を考える

　次に,相手の立場も考慮して,「自分がそうされてもよいか」と可逆性を尋ねる。こうした他者(相手や第三者)の立場に自分を置き換え,その解決策が自分に適用されてもよいかを尋ねることで,より広い視野で多面的・多角的に物事を考えられるようになり,様々な他者に対する思いやりの念を高められるようになる。

③普遍性を考える

　「いつ,どこで,誰に対してもそうできるか」を問う。目前の身近な人間関係や因果関係だけで考えるのではなく,広く社会関係を全体的に見つめ,様々な可能性を想定し,普遍妥当な解決策を考えるようにする。

④関係者全員が幸せになれるかを考える

　道徳的問題にかかわる関係者全員に配慮し,「それで皆が幸せになれるのか」を問う。自分だけ,または自分の仲間だけ幸せになればよいわけでなく,その物語に関連する人々すべてに配慮できるようにする。

　こうした発問を手がかりに,子どもたちは道徳的原理や判断基準を学び,自己中心的な考え方から公平で公共的な考え方をするようになり,一方的で偏った見方から多面的・多角的な見方をするようになる。

4 評価の方法

　問題解決的な学習で創る道徳授業でも，目標に準拠した評価を明確に提示することが肝要である。その際の評価は，子ども一人ひとりのよさを認め，道徳性にかかわる成長を促すようなものにする必要がある。その際，数値などによる評価ではなく，子どもの学習状況や道徳性にかかわる成長の様子を記述式で示すようにする。

(1) 自己評価

　道徳授業の事前か事後にアンケート調査をすることがある。この場合，子どもが自身の言動や習慣を振り返って自己評価することが基本となる。定期的に同種のアンケート調査をすることで道徳性の変容を把握することができる。

　また，道徳授業の中でも，子どもが自らの「関心・意欲・態度」を自己評価することができる。道徳的実践意欲・態度ではなく，子どもが道徳授業にどのような関心や態度で取り組んだかを自己評価するのである。

(2) パフォーマンス評価

　問題解決的な学習で創る道徳授業では，子どもの学習の過程における「思考・判断・表現」を観点として見取るパフォーマンス評価が推奨される。子どもが情報を理解し，文脈を解釈し，自らの経験と結びつけ，既存の知識や技能を活用するプロセスを評価する。

　また，子どもの発言内容が授業のはじめと終わりでどのように変容するかを記録して評価する。例えば，授業の導入で「自由とは何でも自分勝手にできることだ」と答えていた子どもが「ルールを尊重し，自他に対する責任をもった自由であるべき」と考えを深めた点を評価する。

さらに，①自分の経験と重ね合わせて問題解決した点，②ねらいとする道徳的価値と関連づけて問題解決した点，③自分が将来に道徳的実践ができることを記した点，などを考慮して評価することもできる。

（3） ポートフォリオ評価

子どもが道徳用のワークシートに書いたものをファイルに綴じたり，道徳用のノートに書いたものをまとめたりして，学習の過程や成果などを記録していくポートフォリオ評価も有効になる。

子どもたちはポートフォリオを概観しながら，自分のがんばってきたことや道徳的な成長の軌跡を認めることができる。また，今後の課題や目標を発見することもできる。

学期や学年の終わりの道徳授業でカンファレンスを開き，互いの努力をグループで相互評価したり，全体で発表したりすることもできる。

（4） 「行動の記録」との関連づけ

子どもたちが授業で考えた解決策を実際に実行して，自己評価したものを「行動の記録」に反映させることができる。また，授業後の日常行動や習慣を道徳的価値と関連づけ，自己評価したものを「行動の記録」に反映させることもできる。

達成度で自己評価する場合，「よくできた」「満足」「だいたいできた」「だいたい満足」「もっと努力する」などに分ける。その理由を説明するとともに，改善の工夫を図ることが大事になる。

（5） 関係者の多面的評価

道徳教育の評価は，学校教育全体で担任教師が評価するだけでなく，他の教師や保護者や地域の人々が教育活動の様々な場面や実績を見取って総合的に評価することができる。各種の学校評価の項目に道徳教育の取り組みを入れて，定期的に教育実践の成果を振り返り，改善を図ることもできるだろう。

第4章　問題解決的な学習で創る道徳授業 基本の学習指導過程

1　一般的な学習指導過程

　問題解決的な学習を活用した道徳授業は，理論と実践が表裏一体で相互補完的な関係にある。前節までの理論を踏まえて，本章では問題解決的な学習で創る道徳授業の学習指導過程とその実践例を具体的に紹介したい。

　問題解決的な学習で創る道徳授業では，子どもたちが個別に道徳的問題に取り組み，その解決策を自主的に構想するところからはじまる。次にグループやクラス全体で複数の解決策を話し合う。できるだけ実際にその解決策を学級づくりや人間関係づくり，自分づくりに適用して，その結果を検証・省察しながら道徳的習慣を形成していく。このように子どもは，道徳授業とその後の生活経験を通して，道徳的な考え方（解決策）とその実践を結びつけ，自らの道徳的な人格の形成に生かすことができるようになる。

　以下に問題解決的な学習を活用した道徳授業の一般的な学習指導過程を示しておきたい。

（1）「事前調査・指導」で実態と状況を把握する

　まず，子どもたちの実態と問題状況や道徳性の発達状況を調査して，事前に指導できることをしておく。

①アンケート

　授業を行う前に子どもの実態と道徳に関する問題状況を確認しておくことが大事である。例えば，各種の道徳意識アンケートを用いて生活習慣，自己肯定感・自尊感情，規範意識，人間関係などの実態や発達状況を確認しておく。こうしたアンケート調査を通して，事前に子どもの発達状況や価値観を理解しておくことができる。

　このアンケート調査の結果は，授業の導入や終末で活用することもできる。

子どもたちは自分たちの問題意識が明確になり，解決すべき課題がわかると，それを扱う道徳授業にもやる気を出してくる。

②体験活動や読書，DVD視聴など

　道徳授業に関する体験活動を行っておくことも有効である。例えば，奉仕活動や運動会などの学校行事をした後であれば，その経験を振り返って道徳的価値に関連づけて話すことができる。

　また，道徳授業のテーマに関連する本や教材を読んだり，DVDなどの視聴覚教材を見たりしておくことも有意義である。例えば，教材「田中正造」を扱う際に，小学5年生の社会科に関連づけて時代背景や4大公害病を事前に学んでおき，関連する視聴覚教材（例えばNHK「足尾から来た女」など）を視聴しておく。

　扱う教材が長い場合は，反転授業のように事前に教材を一通り読んでおき，道徳授業ではすぐに問題解決の議論から入るようにする。

（2）「導入」の工夫

　導入は，道徳授業の主題に対する子どもの興味や関心を高めるために，できるだけインパクトのあるはじまり方にしたい。ねらいに関連した道徳的問題に取り組めるよう，日常生活の出来事や関連する教材を効果的に用いたいところである。

①具体的な経験や事例からねらいに迫る

　主題と関連する道徳的問題を取り上げ，子どもの過去の生活経験や体験活動を振り返る。例えば，「人に親切にされて嬉しかったことはないか」「努力して成功したこと（努力をせずに失敗したこと）はないか」「ボランティア活動をやって何を考えたか」などを尋ねる。

　道徳的価値の意味を具体的に理解するために，日常の経験や事例と結びつけることもある。例えば，「勇気」をテーマにする場合，「勇気ある行為とは，

どんなことだと思いますか」と問う。ここで子どもたちが「勇気」だけでなく「蛮勇」や「臆病」の事例を挙げても取り上げて検討する。

②授業で取り上げる道徳的価値について考える

　授業で取り上げる道徳的価値について最初の考えや印象を確認しておく。例えば，「友情とは何だろう」「規範は何のためにあるか」など授業で取り上げる道徳的価値の一般的な認識を確認しておく。より主観的な認識として「あなたにとって思いやりとは何か」と尋ねることもできる。ここでは子どもたちが自分なりに道徳的価値を定義してみることが大事である。

　以上の①と②を授業の導入で行い，ワークシートやノートに記しておき，終末でも再び同様の道徳的価値の意味を尋ねることで，授業によってどれだけ道徳的価値の認識を深めたか評価することができる。

③教材や学習活動に関する予備知識を提供する

　授業の展開部で扱う読み物教材に関連した話題や数字を取り上げ，事前に予備知識をもたせることも有効である。教材「絵はがきと切手」なら，いろいろな絵はがきと料金表を示しておく。

　主題に関するアンケート調査の結果の資料を提示して話し合うこともできる。教材に関する新聞記事，子どもの作文，格言，名言，詩などを活用することもできる。教材に関する絵画や写真，VTR，CD，DVD，コンピュータや小道具などを用いて視聴覚的に印象づけてもよいだろう。

（3）「展開前段」では道徳的問題を把握し解決する

　展開前段では，子どもが道徳的な問題解決に積極的に取り組めるように，子どもの日常生活や生き方と関連した具体的で切実な道徳的問題を提示することが大事になる。子どもの自発的な興味と関心を呼び起こし，積極的な授業参加を促すようにする。

①解決すべき課題を見つける

　展開前段では，教材を読み解いて問題状況を正確に把握し，問題意識をクラス全体で共有することになる。その際に必要なのは，冷静で客観的な観察力によって現実的な問題状況を正確に見極めることである。

　それと同時に，その問題状況における他者の目的や利害関係を共感的に想像し，繊細で情緒的な感受性によって特定の誰が他の誰に何を望んでいるのかを洞察することである。こうした冷静な観察力と共感的な想像力を働かせることによって子どもは道徳的な問題状況を的確に判断できるようになる。

A　問題の所在を確認する発問

　教材で何が道徳的問題になっているかを尋ねる。例えば，「ここでの問題は何ですか」「ここで困ったことは何でしょう」などと問う。その際，客観的事実や登場人物の心情，因果関係にもとづいて総合的に理解するよう促す。

B　問題の対立関係を分析する発問

　問題の所在が漠然としている場合は，対立点を見出し誰が満足で誰が不満足かを確認する。例えば，「どの考えとどの考えが対立しているか」「何と何で迷っているのか」と問う。複数の対立点を見出すことも可能である。

②解決策を自由に構想する
A　どうしたらよいかを考える

　道徳的問題をどのように解決するかを考える。ここでの発問は，基本的には「どうしたらよいか」というスタイルになる。「どうすべきか」と規範的に尋ねることもできるし，「どうすることができるか」と可能性を問うこともできる。

(a) 主人公はどうしたらよいかを尋ねる

　「この場面で主人公はどうしたらよいだろうか」と尋ねる。登場人物の立場から考えた方が，気楽に自分の道徳的価値判断を発表することができるた

め，多様なアイデアが出やすい。
(b) 自分ならどうするかを尋ねる
　子ども自身の主体的な判断を求めるために，「自分ならどうするだろう」と尋ねる。傍観者の立場ではなく，当事者の立場として考えることで，道徳的問題をより切実に考えるようになる。
(c) 人間としてどうすべきかを尋ねる
　人間の生き方を広く深く考えるために，「人間としてどうすべきだろうか」と問いかけることもできる。
　こうした問題解決の際に重要なのは，教材を「考え議論するための資料」として捉えて，子ども自身の経験に即した解釈や子どもの人生にとって意味のある解釈を重視し，自由な発想から多様な解決策を構想することである。

B　自他の経験から解決策を考える
　子どもたちの過去の体験や見聞をリソース（資源）として成功の法則を導き出すのも面白い。例えば，「過去にあなたがうまくいった時は，どのようにしましたか」と問う。格言や先人の言葉から解決策を導き出してもよい。例えば，「キング牧師ならどう考えるだろうか」と尋ねる。

C　様々な可能性を考える
　登場人物の考えや常識にばかりこだわると話し合いが停滞してくる。そこで，子どもの願望を尋ねてみるのも有効である。例えば，「仲間がピンチの時，本当ならどうしてあげたいですか」と問う。
　解決が困難な問題の場合は，「もし奇跡が起きたら，どうなるかな」と尋ねて可能性を広げてもよい。こうしたミラクル・クエスチョンを考えると，不可能に思えたことが可能になるヒントを得ることがある。

D　二項対立にこだわらない
　単純な善悪の二項対立にして「よい心と悪い心」「強い心と弱い心」でこ

だわるのではなく，第3，第4の解決策を自由に考えるように促す。「泣いた赤鬼」なら，「青鬼のやり方がよいか悪いか」だけでなく，「青鬼には別のやり方はなかっただろうか」「赤鬼も青鬼も人間も幸せになれる方法はないか」を考える。

E　多面的・多角的に考える
　問題のマイナス面ばかり考えて話し合いが行きづまった場合は，プラス面を積極的に取り上げ，肯定的な解決策を構想してみる。例えば，「作業が遅い」と断罪するのではなく，「仕事が丁寧」「誠意をもって作業している」と見方を変える。

③複数の解決策を吟味する
A　解決策を発案した理由を尋ねる
　解決策を発案した理由を正当化できるかを尋ねる。例えば，「どうしてそう考えましたか」「それを人にもすすめられますか」と問う。その際，自分の意見に先入観，独善，偏見がないかを確認する。例えば，「それは思い込みではないか」「その例外はないか」と尋ねる。

B　解決策の結果について考える
　解決策を発案した理由を尋ねるだけでは，常識的な見解が多くなるため，解決策を実行した後の結果を尋ねることも有意義である。例えば，「もし親切に声をかけたら，どうなるだろう」と問う。

C　過去の経験や行動方針から考える
　子どもの過去の経験や行動指針に即して問題を判断してみる。個人的な人生の問題であれば，多種多様な解決策があってもよいが，公共的な問題であれば，皆で話し合いながら，合意を形成することが大事である。

D　可逆性を考える

　解決策が自分に適用されてもよいかを尋ねてみるのも有効である。例えば，「あなたがそうされてもよいですか」「自分の家族がそうなってもよいですか」などを尋ねてみる。

E　普遍性を考える

　普遍性を高めるためには，より広い視野から問いかける。例えば，自分一人くらい信号無視をしてもよいと考える子どもに，「皆がそうしたらどうなるか」を問う。また，時間・場所・状況の設定を変えて揺さぶりをかけるのも有効である。例えば，「誰にでもそうしますか」「他に大事な用事がある時でも，そうしますか」と問う。

F　互恵性を考える

　問題の当事者の関係を調整したり補完条件を出したりして，互いに納得できる解決策を考える。例えば，「皆が幸せになるためにはどうすればいいだろう」と問う。単に力関係や利害関係ではなく，互いに尊重し合う精神で最善の解決策を出すことが大切である。

(4)　「展開後段」では問題解決を応用する

　展開後段では，展開前段で扱った問題解決を応用する。具体的には，学級全体で解決策を話し合うパターン，役割演技をして解決策を再検討するパターン，別の道徳的問題でシミュレーションするパターンなどがある。

①学級全体で解決策を話し合う

　展開前段においてグループで話し合った内容を，展開後段ではクラス全体で話し合うことが一般的である。

　自分のグループの解決策を発表するとともに，他のグループの解決策も聞いて比較検討しながら，クラス全体でよりよい解決策を検討していくことが

できる。

②役割演技をして解決策を再検討する

　問題解決の場面を即興的に役割演技（ロールプレイ）してみる。教材と同様のシナリオで登場人物を演じるのではなく，子どもたちが自分なりの解決策をそれぞれ考えて，即興的に役割演技をすることが大事である。それぞれの解決策を演じることで，その善し悪しを再検討することができる。

　はじめは，教師が子どもを相手に役割演技をやってみせ，具体的なやり方を示した方がよい。その後，子ども同士で問題場面における登場人物を２人組や３人組で役割演技する。順番に役割交換（ロールチェンジ）をして，様々な立場から考えられるようにする。学級全体の前で代表の子どもたちに実演してもらう際には，演技後に感想も尋ねてみる。

③別の道徳的課題でシミュレーションする

　展開前段で用いた教材のテーマと関連した問題を提示して，シミュレーションをして問題解決するのも効果的である。

　例えば，教材「二通の手紙」で問題解決した後に，NHKのEテレ「ココロ部！」で放送した「おくれてきた客」を考えてみる。

④スキル学習をする

　子どもが展開前段で想定した道徳的観念を日常生活の実践に移すために，展開後段ではスキル学習をして実践力をつけることもできる。

　人間関係の具体的なスキルを提示して，その言動の善し悪しを検討した後に，実践してみる。

⑤礼儀作法やマナーを学ぶ

　礼儀作法，マナー，エチケットなどは，手本となるしぐさや行為を具体的に示してもよいだろう。基本の型を学んだ後に，その応用として様々な問題

状況に合わせて考えるのである。

(5) 「終末」では道徳授業の内容をまとめる

　終末は，一般的には授業のまとめをする段階となる。また，授業に関する補助的な教材や格言などを提示して，子どもの考えを整理したり発展学習を促したりすることもある。各教科などとの関連を図り，今後の活動や発展的な学習につなぐことも有意義である。

　特に，子どもに過去の言動を振り返らせて反省や懺悔を求めるような展開ではなく，子どもが道徳的諸価値について理解を深めたり，夢や希望をもって将来の実践や課題に向かったりできるようにしたい。

①授業で学んだ内容を振り返る

　その道徳授業で何を学んだかを明確にする。単に考え議論するだけだと，何を学んだかがわからなくなることがある。問題解決的な学習を行う際にも，具体的にどのような道徳的諸価値の内容について学んだのかを確認し，それを振り返っておくことが大事になる。

②授業の感想を述べ合う

　子どもが道徳授業全体を振り返って感じたことや考えたことを自由に書いたり発表したりする。お互いの考えや価値観を交流した後で気づいたことや思ったことをつけ加えてもよい。こうした交流が道徳的価値を自分なりに納得することになり，今後の生活に生かそうと思うようになるのである。

③導入で提示した根本的な問いかけに結論を出す

　導入で問いかけた根本的な問いをもう一度問いかけてみる。例えば，導入で「自由とはどんなこと」と聞かれて，「わがまま勝手に何でもできること」と答えていた子が，授業後に「節度を守った自由には責任がある」などと答える。また，「友達とはどんな人か」という質問に「一緒に遊んでくれる人」

と答えていた子が，授業後に「相手が大変な時に支えてくれる」などと答える。

④今後の生活のどの場面で生かせるか考える
　道徳授業で学んだ内容をその後の生活においてどう生かせるかを考える。そうすることで，将来に目が向き，意欲が高まり，道徳的な行為や習慣につながっていく。そこで，問題解決的な学習を通して考えた内容や教訓を，今後の日常生活に生かせるようにする。例えば，「思いやりの気持ちを今後の生活でどう生かしていけるかな」などと問う。意図的に学校行事（ボランティア活動や異年齢交流）と関連づけてもよいだろう。

　こうした①～④はワークシートやノートに書かせて，授業のまとめとして最後に意図的指名をしたり，子どもたちの思考のプロセスを確認したりすると効果的である。

⑤教師が説話をする
　終末で行う教師の説話は，授業全体をまとめることになり，子どもが話し合った内容を結論づけることにもなる。この説話によって子どもが授業のねらいとなる道徳的価値についてより深く理解するようになり，自らを見つめ，人間としての生き方について考えを深め，道徳に関する資質・能力を育むことができるようになる。
　それゆえ，教師の説話は，話題を授業のねらいに関連づけて，適切に内容を選択して話す必要がある。子どもの日常生活における身近な話題，教師の実体験，社会的な時事問題，格言や標語，教師の願いと関連づけて説話をすることもできる。
　また，教師の個人的な意見を押しつけたり，行為を強要したりすることにならないよう注意する必要がある。
　道徳科の授業を踏まえ，子ども一人ひとりがこれまでを振り返りつつ，将

来にかけて夢や希望をもてるような説話にしたいところである。

(6) 「事後指導」で道徳的実践を評価する

　問題解決的な学習で創る道徳授業で学んだことは，子どもたちの日常生活で実践に移しやすい。実際に考えた解決策を様々な場面で実践してみて，その省察をすることが大事になる。

①授業で構想した解決策を実践できたか確認する
　問題解決学習を活用した道徳授業は，子どもが授業で学んだことを日常生活で活用することを推奨する。例えば，授業で「節度・節制」や「親切」などが大切であると自覚したのであれば，それに関する実践をしてみて，その経験を通して道徳的価値を学び直すこともできる。

②子どもによる自己評価と省察
　子ども自身が道徳授業の成果を日常生活にどう生かしたか，自らの目標を達成したり，現実の課題を達成したりできたかを振り返って自己評価する。振り返りシートなどに記入して，がんばったところ，自分の成長を感じられるところ，満足できるところ，今後の課題や目標としたいところを省察する。

③目標の達成度を自己評価する
　計画した道徳目標を，事後の生活でどれだけ達成できたか尋ねる。「満足できる」「だいたい満足できる」「努力を要する」などで自己評価する。
　また，実際に道徳的な行為をして，どのような感想をもったかを尋ねることもできる。この際，達成の度合いを点数化（スケーリング）するのも有効である。例えば，「10点満点で言うと何点ですか」と問う。また，「もう1点プラスするためにはどうすればよいだろう」と問うことで，具体的な改善点を考えてみてもよい。

④カンファレンスでポートフォリオ評価をする

　学期末や学年末の道徳授業では，道徳に関するカンファレンスを行うことができる。子どもが道徳授業でどのように思考力や判断力を高めてきたか。道徳授業で深めた道徳的価値の理解をどのように実践に結びつけたかを子ども同士で発表し合い，相互評価する。

　教師と子どもたちで話し合い，互いに納得しながら評価するようにできれば，指導要録の評価と連動させることもできるだろう。

第5章 実際の学習指導過程と具体的な授業の流れ

1 小学校低学年の事例 教材「みみずくとおつきさま」

　本章では，問題解決的な学習で創る道徳授業の学習指導過程について，定番教材を用いながら具体的に見ていくことにしたい。実践例としては小学校低学年では教材「みみずくとおつきさま」，小学校中学年では教材「絵はがきと切手」，小学校高学年では教材「いじめについて考える」，中学校では「裏庭でのできごと」を取り上げて指導方法を提示していく。

　まず，問題解決的な学習で創る道徳授業の事例として，「勇気」をテーマに教材「みみずくとおつきさま」を用いて作成した小学1年生用の指導案を紹介したい。この教材は，一般に「勇気」をもって身近な弱者を助ける心情を養うために使われてきた。しかし，近年では不審者が小学校を襲撃する事件も起きており，無条件に「勇気」だけを子どもに教え込むのは危険である。実際にこうした問題状況でどう行動すべきかを考える授業にする必要がある。

(1) 子どもの実態

　小学1年生の子どもたちは学校生活に慣れてくると，自分のことなら善悪を判断して適切な行動ができるようになる。しかし，他人のことには無関心で，自己中心的にふるまうことも多い。例えば，誰かが友達に迷惑をかけて困らせていても，自分に関係なければ積極的にかかわろうとしない。一方で，他人の悪い点を注意する際に，ひどく乱暴な言い方をして相手の心を傷つけたり，ケンカになったりすることもある。

(2) 主題の設定

　上述した実態を踏まえ，子どもたちが身近な仲間をもっと大切に思い，思慮分別をもって勇気ある行動を進んでできるようにしたいと考え，この主題

を設定した。具体的には，対人関係のトラブルを適切に判断して，平和的に解決できるようにしたい。

そこで，問題解決的な学習を取り入れ，教材に登場する子どもモグラやミミズクの立場になって「どうしたらよいか」という問題を考え，先生モグラ（弱い善人）に思いやりをもち，イタチ（強い悪人）とのトラブルを現実的に解決し，良好な人間関係を築けるようにしたいと考えた。

（3） ねらいの設定

学習指導要領にもとづくねらいとしては，勇気について理解を深め，親しい友達を思いやり，よいことを進んで行える態度を育てることである。

教材に即したねらいとしては，子どもモグラやミミズクの立場になって問題を考えることで，身近な人を思いやり，勇気をもって争いごとを平和的に解決する力を養うことである。

（4） 教材の概要

学校で先生モグラが子どもモグラたちに文字を教えている。そこへ乱暴者のイタチがやってきて，先生モグラに乱暴した。先生モグラや子どもモグラがイタチに「はなして」と頼んでも聞き入れてくれない。

その様子を木の上から見ていたミミズクは，イタチに飛びかかり，首を押さえて「乱暴をやめてはやく家に帰りなさい」と言った。するとイタチは謝って帰った。それを見ていたお月様がミミズクに「よくやった」と言って照らした。

（5） 教材の分析

まず，先生モグラがイタチに襲われた時が問題状況である。ここで子どもモグラやミミズクはどうしたらよいかが課題となる。ここでは，「先生モグラを助けたいという思いやり」「イタチと戦う勇気」「力関係を踏まえた思慮分別」に注目する。力関係でイタチには対抗できない子どもモグラの立場な

ら、「やめてとお願いする」「逃げる」「助けを呼ぶ」などの解決策が考えられる。

次に、この危機的状況を木の上から見ていたミミズクはどうすればよいかが課題となる。ここで弱い子どもモグラ、弱い先生モグラ、強いイタチ、より強いミミズクの関係も考えておく必要がある。ミミズクの立場なら「助けにいくこと」「注意すること」などが勇気ある行為と言える。

また、ミミズクが具体的にどのように助ければよいかも課題となる。単に暴力でイタチに対抗するのではなく、冷静に話し合い平和的に解決した点にも注目したい。

(6) 学習指導過程の大要

①事前調査

幼稚園の子どもが猫をいじめているイラストで見せながら、「そこにあなたが通りかかったら、どうしますか」と問う。

その結果、「助ける」が6名、「親や先生に言う」が4名、「何もしない」が10名いた。「助ける」理由は、「猫がかわいそうだから」であり、「親や先生に言う」理由は、「危ないから」であり、「何もしない」理由は、「家の猫ではないから」「関係ないから」であった。

②導入

T：勇気を出して何かをしたことがありますか。
C：友達を助けてあげた。→悪いことをしている子に注意をした。
　　→高いところから飛び降りることができた。
T：これらはすべて勇気があると言えるかな。
C：「飛び降りる」のは勇気じゃないよ。
T：どうしてそれは勇気ではないのだろう。本当の勇気とはどういうだろう。
C：悪いことをしても勇気じゃない。→よいことをすることが勇気だよ。→
　　困った人を助けることも勇気だよ。

T：それでは，今日は「勇気」について教材を使って考えてみましょう。

③展開前段
<u>※教材の先生モグラが襲われるところまでを読み上げる。</u>
T：ここで困ったことは何ですか。
C：意地悪なイタチが乱暴するのがいけない。
　　→はやく助けないと先生モグラが危ないよ。
T：あなたが子どもモグラなら，どうしますか。なぜそう思いますか。
C1案　イタチにやめてと言う（5名）：先生モグラがかわいそうだから。
C2案　イタチと戦う（8名）：イタチが憎たらしいから殴る。
C3案　逃げる，何もしない（7名）：危ないから。負けるから。子どもだ
　　　　　　　　　　　　　　　　　　から。
T：実際にそうしたら，どうなると思いますか。それぞれ考えてみよう。
C：「やめて」と言ったくらいでは，イタチはやめてくれないよ。
　　→子どもモグラがイタチと戦っても負けちゃう。
　　→逃げだしたら先生モグラがかわいそうだよ。
　　→助けを呼んだ方がいいよ。
T：そうだね，助けに呼びにいくことも勇気のある行動だね。

<u>※この後，イタチよりも強いミミズクが登場するところまで読む。</u>
T：あなたがミミズクならどうしますか。ミミズクはイタチよりも強いんだ
　　よ。
C1案　イタチに木の上からやめろと言う（6名）：危ないから。
C2案　イタチと戦う（12名）：ミミズクは強いから。
C3案　何もしない（2名）：……怖いから。恨まれるから。
T：1案で「木の上からやめろ」と言っても，イタチがやめなかったらどう
　　しますか。
C：あきらめる。→何度も言ってみる。→もっと近くに行って言う。

T：2案で「戦う」のは，どんなふうにやるのかな。
C：パンチする。→おしりペンペンする。→しっぽを引っぱり回す。
T：あなたがイタチなら，そうされてもいいかな。
C：嫌だ。→しっぽがとれちゃうよ。→すぐ殴っちゃダメだよ。
T：3案のように，ミミズクが「何もしない」と，どうなるでしょう。
C：先生モグラがイタチに食べられるかも。
　　→助けてあげたいね。→勇気をもとう。
T：どれが一番よいやり方でしょう。
　　実際に自分の考えを演技しながら考えましょう。
　　（ミミズク役とイタチ役の2人1組で役割演技してみる）
C：まず口で注意した方がいい。
　　→それでもやめなかったら，体でとめに入ったらどうかな。
T：（教材の後半を読む）ミミズクはイタチを押さえつけて「はやく家に帰りなさい」と注意しました。みんなの考えと比べてどうかな。

④展開後段
※ここで事前調査で示した猫いじめの事例を取り上げる。
T：先日，「小さな子が猫をいじめているのを見て，あなたならどうしますか」と質問しました。その結果は次のようでした。
C1案　助ける（6名）：かわいそうだから。→別の猫もいじめるから。
C2案　親や先生に言う（4名）：危ないから。
　　　　　　　　　　　　　　　→自分が言ってもダメだから。
C3案　何もしない（10名）：自分の家の猫ではないから。→怖いから。
T：今，振り返ってみてどう思いますか。
　　考えが変わったという人はいますか。
C：私は「何もしない」と答えたけれど，やっぱり「助ける」にしたい。
　　だって何もしないと，猫がかわいそうだから。
T：自分の家の猫だったらどうしますか。

C：それなら，すぐ助けにいくよ。
　→親に言って，とめてもらった方がいい。
T：あなたがその猫だったら，どうしてほしいと思いますか。
C：助けにきてほしい。→知らんぷりしないでほしい。
T：もし助けるとしたら，どのようにしますか。
C：何も言わずに手でとめる。→大声で「やめろ」と言う。
　→親を呼んできてとめてもらう。

⑤終末

T：授業を終えて，「本当の勇気」とはどんなことだと思いましたか。
C：がんばって弱い人を助けること。→怖がらないで悪い人に注意すること。
　→恥ずかしがらないで，困っている人を助けること。
T：そうだね。弱いものを助けて，よいことを進んですることですね。相手に注意をする際は，どんなふうにすればよいと思いましたか。
C：乱暴なことはしない。→ちゃんと話し合ってわかってもらう。
T：きちんと話し合うことが大事ですね。それでは，今週の目標は，「勇気を出して正しいことをすること」にしたいと思います。どれくらいできたかワークシートに記入して，1週間後の帰りの会で発表することにしましょう。

⑥事後指導（1週間後）

T：今週の目標は，どのくらいできましたか。◎○×で発表してください。
C：弟がいじめられているのを助けてあげたので◎。
　ケンカになった時，きちんと話し合えたから○。
　友達が池で遊んでいたけど，何も言えなかったから×。次は，がんばって言えるようにします。
T：いろいろがんばって立派でしたね。もっとうまくやるためには，どうすればいいかな。

C：今度は，学級でも友達を助けられるようにする。
　　すぐ逃げないで，他の人とも一緒に注意する。
　　先生に教えにいくことも大事だと思います。
T：これからも続けていきましょう。

(7) 評価方法

　子どもが勇気についてどれだけ認識を深め，そうした道徳的行為をする意欲が高まったかについて，授業内の子どもの発言などで評価する。

　次に，授業後の1週間で子どもたちが対人関係のトラブルにどう対処するか観察する。子どもが振り返りワークシートに記入した内容から，そのがんばった姿を認めて評価する。

　実際には，いじめや不正を注意する子どもが増え，できるだけ話し合いによって問題解決しようとする行動も増えたことが観察され報告もされた。

2 小学校中学年の事例
教材「絵はがきと切手」

(1) 子どもの実態

　小学3年生は親しい友達の気持ちを理解して仲よくつき合うが，相手の気持ちを思いすぎて，自分の正直な気持ちを言えなくなってしまうことがある。できるだけお互いに傷つかないように配慮しているが，そのために人間関係が希薄化している。また，LINEなどでコミュニケーションをとっているが，ささいな言葉のすれ違いから人間関係が悪化することもある。

(2) 主題の設定

　子どもたちが友達の気持ちを思いやるとともに，正直に語り合える人間関係を築けるようにしたい。そこで，友達との葛藤状況を考え，上手に自分の気持ちを伝えることができるようになることを主題とした。

(3) ねらいの設定

　学習指導要領にもとづくねらいは，相手を思いやりながら，正しいと思うことを正直に語ることができるようにすることである。教材に応じたねらいは，相手を思う気持ちと正しいことを伝えたいと思う気持ちで葛藤する問題を考えることを通して，友達を思いやりながら正直に思いを伝える能力を養うことである。

(4) 教材の概要

　この教材の概要は，以下の通りである。ひろ子が転校した仲よしの正子から絵はがきを受け取る。ひろ子ははじめ喜ぶが，その絵はがきが定形外郵便物で，70円の料金不足であることを知る。ひろ子は返事で正子に料金不足の

ことを知らせるべきかどうか迷う。母に聞くと，「お礼だけ書いた方がいいかもしれないね」と言う。兄に聞くと，「ちゃんと言ってあげた方がいいよ」と言う。そこで，ひろ子は迷ってしまう。この後，ひろ子は正子と過ごしたことを懐かしく思い出し，手紙の最後に料金不足のことを書き足そうと思う。

(5) 教材の分析

　この教材の道徳的問題は，ひろ子が正子に料金不足を知らせるべきか否かである。ひろ子は正子を思いやるあまり，「料金不足を伝えるべきか」「伝えないべきか」について思い悩むことになる。また，料金不足を伝える場合でも，具体的にどう言えばよいかで困惑している。

　そこで，この教材では思いやりだけでなく正直さをねらいとして授業を設定する。全文を読み終えた後で，ひろ子の問題解決の善し悪しを考えてもよいし，最後の場面をカットして，子ども自身が問題解決に取り組んでもよい。今回は後者のように教材をカットするパターンで扱ってみたい。

(6) 学習指導過程の大要

①事前指導

　まず，思いやりや正直について道徳意識アンケートで調査する。主観だけで子どもを判断せずに，客観的なデータから実態を理解する。次に，事前の生活指導をはじめ，各教科や特別活動や総合的な学習の時間などの教育活動全体と有機的に関連づける。「絵はがきと切手」では，よりよい人間関係を築く教育活動を特別活動などでやっておき，国語科で友達に手紙を書き，相手を思いやる言葉がけができているか調査しておく。

②導入

　「絵はがきと切手」と関連づけて，「思いやりの心とはどんな心でしょう」「どんなことが思いやりのある行為でしょう」と尋ねてみる。また，定形外郵便物の絵はがきを示して，料金がどれくらい異なるかクイズ形式で示して

もよいだろう。

③展開前段
A　問題の把握
　展開前段では導入の内容と関連した教材を提示する。まず，何が道徳的問題かを考える。道徳的問題は2つ以上の価値（観）が対立・矛盾している場合に生じてくる。そうした対立構造を明確に理解することが先決である。
　「絵はがきと切手」であれば，「ひろ子は何で困っているのだろう」「ひろ子はどうしたらよいだろう」，あるいは「自分ならどうするだろう」と尋ねる。

B　解決策の構想
　まず，解決策を尋ねると，一般的に「料金不足を教えない」が多数派で，「教える」が少数派になる傾向がある。「教えない」理由を尋ねると，「正子に嫌な思いをさせたくないから」と答えることが多い。そこで，「その結果どうなるだろう」と尋ねると，「ずっと仲よしでいられる」の他に，「他の人に被害が広まるかも」「本当の友達じゃなくなる」などの意見も出てくる。
　そこで，可逆性の発問として「あなたが正子なら，そうしてほしいですか」と尋ねると，今度は逆に「自分が正子なら教えてほしい」と答える方が多数派になる傾向がある。また，普遍性の発問として「正子以外の人にでもそうしますか」と尋ねると，「学校の友達や兄弟姉妹なら伝える」などと答えることが多い。さらに，因果性の発問として「正子が他の皆に同じ絵はがきを出したらどうしますか」と尋ねると，「正子が皆に迷惑をかける」「正子のためにも教えた方がいいかも」という意見も増えてくる。
　こうした発問で揺さぶりながら，複数の解決策を1つに絞り込んでいくのである。

④展開後段

　各グループから提案された解決策の中でどれが最善かを考え，さらに「ひろ子は正子に具体的にどのように言えばよいか」まで考えて，クラス全体で話し合う。

A　役割演技の設定

　解決策を役割演技（ロールプレイ）や役割手紙書き（ロールレタリング）で行うことも有意義である。頭の中だけで問題解決するのではなく，役割演技による体験的な学習を通して具体的に問題解決するのである。

　「絵はがきと切手」で役割演技をするとしたら，ひろ子の立場で正子に手紙を書く場面を会話形式に変えて行うとよい。1案「お礼だけ言う」と2案「料金不足のことだけ言う」の他に，3案「お礼を言い，いろいろ話した後で，最後に切手代のこともつけ加える」などを提示して，それぞれの解決策を演じ分ける。

　3案で料金不足を話す場合は，正子を傷つけないように思いやりながら，絵はがきについてや楽しい思い出を語り合い，さりげなく伝えることがポイントになる。はじめはひろ子と正子の役で2人1組になって演技し，その後で代表者に前に出て模範演技してもらうと全員参加できて有意義である。

　ここでのセリフをワークシートに書いてロールレタリングをすることもできる。

B　シミュレーションの設定

　新たなシミュレーション（模擬演習）の事例を提示する場合もある。展開前段で用いた教材の内容と共通した内容を提示して検討するのである。これは道徳の基本問題を解いた能力を応用問題にも汎用することになり，道徳的実践力を高めることに役立つ。

　「絵はがきと切手」の後でシミュレーションを設定するとしたら，例えば，A君がB君のかわりに夏休みの宿題である絵を描いてあげていた。それを近

くで見ている「私」は何と言ってあげることができるかを考えてみる。Ｂ君を思いやったＡ君の親切な行為が，逆にＢ君の学習を妨げ迷惑になっていることを上手に伝えたいところである。

⑤ 終末

最後に，再び「思いやりの心とはどんな心でしょう」と尋ねてみる。すると「相手の立場になって，相手のためになることをする心」などという深まった考えが出てくる。さらに「今後，思いやりの心をどのように生かしていきたいか」を尋ねてみる。すると，自分の日常生活でも問題の状況に応じて思いやりのある行為がいろいろできることに気づき実践意欲が高まっていく。

⑥ 事後指導

事後指導では，授業で省察した道徳的価値観が子どもの日常生活や体験活動にどう反映しているかを調査し，適時指導することになる。「絵はがきと切手」の授業であれば，例えば，授業後の１週間を「人を思いやる週間」として設定することが考えられる。お互いに尊重し合い思いやることを目標に１週間ほど実践してみて，相互に評価し合うのである。

(7) 評価方法

思いやりについてどれほど認識が深まったかを評価する。例えば，はじめは，「相手の嫌がりそうなことは何も言わない」と考えていた子どもが，「相手のためになることであれば，きちんと誠意をもって正直に伝えてあげるべきだ」と考えたところを評価する。また，ワークシートなどを参考にしながら，教材の問題場面ではじめは「正子に悪いからお礼だけ言う」と答えていた子どもが，「正子のためになることだから，傷つかないようにうまく伝える」と考え，役割演技などをしながら自分の考えを上手に伝えていたところを評価する。さらに，授業後に子どもたちが日常生活で相手を思いやりながら率直に意思を伝え合うことができているか評価する。

（8）指導略案

	基本発問と予想される児童の反応	指導上の留意点
導入	１．思いやりについて話し合う。 ○思いやりの心とはどんな心でしょう。 ・相手を大事にする心。　・困った人に親切にする心。 ○どんなことが思いやりのある行為だと思いますか。 ・道に迷った人に教えてあげる。　・高齢者に席をゆずる。 ○みんなの心の中にも思いやりの心がありますか。	・思いやりの心と行為を確認する。
展開前段	２．「絵はがきと切手」を読んで話し合う。 ○ひろ子は何を迷っているのでしょう。 ・料金不足について伝えるべきか，黙っているべきか。 ・不足分を伝えたいけど，正子に嫌な思いをさせたくない。 ○ひろ子はどうしたらよいでしょうか。 ①お礼だけ言う：正子に嫌な思いをさせたくないから。 ②料金不足を教える：同じ間違いをするかもしれないから。 ③お礼を言い，料金不足も伝える：相手を思いやって伝える。 ○自分が正子なら，ひろ子にどうしてほしいでしょう。 ・友達なら言ってほしい。　・優しく教えてほしい。 ○伝えなかったら，どうなるでしょうか。 ・正子が皆に同じ絵はがきを出して，他の人にも迷惑をかけるかも。	・定形外郵便物について説明を加える。 ・ひろ子の立場からいろいろ解決策を考える。 ・第３の解決策も考えるように促す。 ・正子の立場から考えて，可逆性を問う。 ・広く結果も考えて普遍性を問う。
展開後段	３．役割演技してみる。 ○ひろ子と正子の役になって演技してみましょう。 ・まず絵はがきのお礼を述べ，絵はがきの話や楽しい思い出話をいろいろした後に，さりげなく料金不足も伝える。 ○やってみてどうでしたか。 ・（ひろ子役）伝えられてよかった。 　　　　　　思うほど難しくなかった。 ・（正子役）　次から気をつけよう。 　　　　　　伝えてもらって嬉しかった。 ○シミュレーションの問題を考える。 「ズボンの後ろから下着が出ている友達がいる。どうしてあげたらよいでしょう」 ・嫌な思いをするので黙っておく。 ・恥をかかないように伝える。	・２人１組になり全員でやってみる。 ・何組かに前で演技させ，感想を尋ねる。 ・問題の類似点や応用可能な点に気づかせる。
終末	４．授業のまとめをする。 ○思いやりの心とはどんな心でしょう。 ・相手のことを気づかって，相手のためになることをする心。 ・困っている人のために何とか助けようとする心。 ○これからの生活で思いやりの心をどのように生かしたいですか。 ・困っている人がいたら，本当に相手のためになることをしたい。	・思いやりの心を再び省察する。 ・思いやりの心を日常生活で実践していいるように促す。

3 小学校高学年の事例
教材「いじめについて考える」

これは『私たちの道徳　小学校五・六年』134ページを参考に一部追加し改作した教材と『問題解決型の道徳授業―プラグマティック・アプローチ』（明治図書，2006年）の「いじめについて考える」を改作して作成された道徳授業である。

(1) 子どもの実態

子どもたちの間では大小様々なトラブルが起きており，時々暴力行為も報告されている。担任は朝夕の会や学級会で互いを尊重して仲よくするよう指導しているが，教師の目の届かないところでいじめが起きていることもある。学級でも，虚弱な子どもがいじめの対象になり不登校になった例がある。

また，学級委員の男子児童がいじめをとめようとしたところ，逆にいじめの対象にされたケースもあった。道徳意識アンケートでは被害意識と被受容意識が低い子どもが幾人か確認された。

(2) 主題の設定

いじめ問題は，「いじめられる子（被害者）」や「いじめる子（加害者）」だけでなく，「いじめを見ている子（観衆・傍観者）」や教師をも含めて，学級全体の問題として包括的に取り組み解決する必要がある。発達段階で言うと，仲間同士の連帯や利害関係だけを重視するレベルから身近な弱者（被害者）への思いやりや学級全体への影響を考えるレベルへの移行を目指す。

教材では，被害者，加害者，観衆・傍観者の言い分をそれぞれ検討した上で，いじめのない健全な学級にするために，教師と子どもたちが力を合わせて何ができるかを考える授業にする。

(3) ねらいの設定

　授業のねらいは，いじめ問題について理解を深め，いじめの加害者，被害者，観衆・傍観者，教師の立場からいじめをなくすための解決策を考えることで，いじめ問題に対応する能力を養うことである。

(4) 教材の全文

【教材１】
　そうじの時間です。ごみ箱にたまったごみを，最後に収集場所に捨てに行くことになりました。当番だったＡさんがごみ箱を持って行こうとすると，Ｂさんが，
「Ａは行かなくていいよ」と言いました。
　仲のよいＢさんがそう言うのを，Ａさんは不思議に思いました。
　そしてＢさんは近くにいたおとなしいＣさんに向かって，
「Ｃ，お前が行けよ」
と言って，Ｃさんにごみ箱を押しつけました。
　Ａさんは，当番ではないＣさんがなぜ行くのかと思いました。
　でもＣさんは笑って，「いいよ」と言ってごみ箱を持って行こうとしました。

【教材２】
　Ａさんが言いました。
「ごみを捨てに行くのは，当番の僕の役目だから，いいよ」
　Ａさんは，最近ＢさんがＣさんに冷たくあたるのを知っていました。
　そのため，ＡさんはＣさんに自分の仕事を押しつけるのは気が引けたのです。
　すると，Ｂさんは言いました。
「大丈夫だよ。Ｃに任せておけば。Ｃは俺の言うことなら，何でもきくから。それより遊びに行こう」
　そしてＢさんは再びＣさんに向かって，
「Ｃ，はやく行ってこいよ」と促しました。
　Ｃさんは少しほほえんでうなずき，ごみ箱を持って出て行きました。
　ＡさんはＢさんにわざわざ逆らいたくなかったし，Ｃさんも嫌がりもせず笑っていたので，気にしないことにしました。

(5) 教材の分析

　いじめ問題は，その被害者，加害者，観衆・傍観者，そして教師の立場で見方や考え方が異なるため，それぞれの立場で価値観や問題点を分析する必要がある。具体的には，被害者の「いじめから逃れたい」という意識，加害者の「いじめは遊びなので，多少は許される」という意識，観衆・傍観者の「自分には関係ない」という意識を総合的に考える。

　そこで，解決策としては，被害者の自己主張能力を高めること，加害者の反省を促すこと，観衆・傍観者の当事者意識を高めることなどが考えられる。いじめのないクラスづくりのために何ができるかを多角的に考えるようにする。

(6) 学習指導過程の大要

①導入

T：最近，いじめが話題になっています。いじめとは具体的にどのようなことでしょうか。

C：「弱い者を殴ること」「蹴ること」「仲間はずれにすること」「無視すること」「悪口を言うこと」「冗談でやる場合もあるけどね……」

T：いじめかどうかの判断基準は，いじめられた者の気持ちにかかっています。文部科学省の定義では以下のようになっています。

【文部科学省のいじめの定義】

　子どもが一定の人間関係のある者から，心理的，物理的な攻撃を受けたことにより，精神的な苦痛を感じているもの。いじめか否かの判断は，いじめられた子どもの立場に立って行う。

T：ふとした言葉やいたずらがいじめになることもあります。
　　いじめにかかわっているのはどんな人だろう。

C：いじめる子。→いじめられる子。
T：周りで見ている子はどうかな。
C：見ているだけなら関係ないよ。→見ているだけでも関係あるかも。
T：いじめられる被害者といじめている加害者だけでなく，いじめを見ている観衆や傍観者もいじめに関係があります。今日は，いじめ問題を考えるために，それぞれの立場から見てみましょう。

②展開前段

T：教材1を読んでどのように思いましたか。
C：無理やりごみ捨てに行かされるCさんがかわいそう。→黙っていないで，「嫌だ」とはっきり言えばよかったんだ。→言えなかったんだよ。→簡単に言えれば，誰も苦労しないさ。
T：なぜ言えなかったのだろう。
C：Bさんが怖いから。→先生に言ったら，もっとひどくなるから。
T：それでは，Cさんはどうしたらよいと思いますか。
C：「それはAさんの仕事だよ」「勝手に僕に押しつけないで」と言う。
T：Aさんはどうすればよいと思いますか。
C：何もしなければ，Bさんのいじめに加わっているのと一緒だよ。AさんはすぐにBさんをとめて，Cさんを助けるべきだ。
C：でもCさんは笑っているから大丈夫じゃないかな。→笑っていても，心では泣いているのかもしれないよ。→やっぱりとめた方がいいよ。
T：Aさんも黙っていないで，とめた方がよさそうだね。それでは，教材2を配布します。この教材を読んでどう思いますか。
C：Aさんがとめようとしたのはえらいと思う。→でも，Bさんは悪いと思っていないよ。これじゃ本当の解決になっていないよ。
T：どうしてそう思うの。
C：AさんはBさんに逆らいたくないんだと思う。Cさんも嫌がっていないから大丈夫じゃないかな。

T：本当にＣさんは嫌がっていないのかな。
C：やっぱりきちんととめないと，この後いじめになってしまうよ。
T：この事例のいじめ問題は，どうすれば解決できると思いますか。なぜそう思うか，そうした結果どうなるかも考えながらグループで話し合おう。

1案　Ｃさんがきちんと自己主張する。
　：まず本人が立ち上がるべきだ。→ＣさんがＢさんと戦って勝てるかな。

2案　ＡさんがＢさんを説得する。
　：ＡさんはＣさんが困っていることをＢさんに説明する。きちんと説明すれば，Ｂさんもわかってくれるはず。

3案　周りの人がとめるか，先生に報告する。
　：Ｃさんは弱いから周りが助けるべき。→先生に伝えたら，チクッたって言われて，今度はその人がいじめられるかも。

4案　Ｂさんに厳罰を与える。
　：悪い者は力でねじふせるしかない。→やりすぎるとＢさんから恨みをかうかも。

5案　何もしない。
　：後でＡさんがいじめられないように。→その結果，Ｃさんに対するいじめは，もっとひどくなるかもしれないよ。

T：自分がＣさんだったら，Ａさんにほうっておかれてもいいかな。
C：嫌だ。ＡさんにはＣさんの気持ちを理解して，Ｃさんの味方になってほしいよ。
T：こんな様子を傍観していたら，これからどうなるかな。
C：Ｂさんのいじめがどんどん広まってひどくなる。
T：これまでの話し合いを踏まえて，どの解決策が最もよいか考えてみよう。いくつかの解決策を組み合わせてもいいです。
C：まずＣさんが「嫌だ」と自己主張するべきだ。それでもダメなら，ＡさんがＢさんを説得して，弱い者いじめをしないように言う。周りにいる人たちもＢさんの横暴を許さないようにする。ＢさんもＣさんのつらさ

を理解できるようにする。

③展開後段
T：それでは，自分の考えた解決策を役割演技でやってみましょう。まずはＡさん役とＢさん役で２人１組になってやってみましょう。
Ａ役「当番ではないＣさんに押しつけたら，いじめになるよ」
Ｂ役「こんなのはいじめじゃないよ。だってＣさんは気にしてないから」
Ａ役「笑っているけど，本当はＣさんも困っているんだよ」
Ｂ役「何も言ってこないから大丈夫だよ」
T：Ａさん役とＢさん役を交替してもう一度やりましょう。
T：今度はＢさん役とＣさん役でやってみましょう。
Ｂ役「はやくごみ捨てに行ってこいよ」
Ｃ役「僕は当番ではないから，行く必要はないよ」
Ｂ役「いつもは何も言わずに行くじゃないか」
Ｃ役「いつも君が僕に押しつけるからだよ。でも本当は嫌なんだ」
Ｂ役「それなら，そう言えばいいじゃないか」
Ｃ役「君が怒ると怖いから，なかなか言い出せなかったんだ」
T：Ｂさん役とＣさん役を交替してもう一度やりましょう。
T：ありがとう。それぞれの役割を演じてみてどうでしたか。感想を発表してください。
　たしかにＡさんがはっきり注意すると同時に，Ｃさんもしっかり自己主張する必要があるね。ＢさんもＣさんの気持ちをよく理解して行動する必要があるね。

④終末
T：今日の授業を通して，いじめ問題についてどのように考えましたか。
Ｃ：いじめられている人の気持ちを大切にすべきだ。→他人事ではなくクラス全体の問題だと思った。→皆で協力していけば，学級からいじめをな

くしていける。
T：いじめのない学級をつくるために，これからどのようなことができるだろうか。具体的に目標を立ててワークシートに書いてみよう。
C：それぞれの立場を尊重して，いじめをしない。→小さないじめも見すごさないようにする。→いじめを見たらクラスの友達がとめに入る。→お互い気持ちよく自己主張できるようにする。
T：この目標に1週間ほど取り組んで，みんなが快適に過ごせる学級にしていきましょう。

(7) 評価方法

　子どもたちがいじめ問題に関してどれだけ考えを深めたかを評価する。はじめは「被害者が笑っていれば大丈夫」「あまりかかわりたくない」という考えで軽く受けとめていた子どもも，後には「被害者の気持ちをもっと理解した方がいい」「自分にも何かできるはずだ」という認識に達した。

　また，教材のいじめ問題の解決について評価する。はじめは多くの子どもたちが「自分には関係ない」「このクラスにいじめはない」と考えていたが，後にはクラス全体の問題として考え，「勝手なふるまいには注意する」「嫌なことは嫌と主張する」「先生に報告・相談する」など具体的に考えていた。

　最後に，いじめをなくすという目標で1週間取り組み，その成果を評価する。教師と子どもが本気でいじめ予防に取り組むことで，クラスの雰囲気が明るく元気になる様子を確認する。

「いじめについて」道徳シート

年　　　組　氏名　　　　　　　　　　

（1）いじめとは何か。いじめは，どのようなことをすることか。

| ・殴る | ・無視する | ・落書きする |
| ・物を盗む | ・仲間はずれにする | ・悪口を言う |

（2）事例のいじめは，どうすれば解決できるだろうか。

	解決策	長所	短所
1.	Aさんがはさんを説得する。	Aさんが言えば，Bさんはやめるかも。	Aさんの言うことをBさんは聞かないかも。
2.	何もしない。ほうっておく。	へたにBさんを刺激しない方がいい。	いじめがもっとひどくなるかも。
3.	先生や親に相談する。	すぐにとめてもらえる。頼りになる。	先生や親では理解できない。
4.	CさんがBさんに嫌だと言う。	Bさんが反省して，やめてくれるかも。	Bさんが怒りだして，何かされるかも。

（3）話し合いを踏まえて自分の考えを述べてください。
　　　いじめのない快適な学級にするためには，どうすればよいだろうか。

・はじめは他人事と思っていたが，できるだけ助けるようにしたい。
・小さないじめも見すごさないようにする。
・いじめをなくすために，皆で協力して学級全体で取り組む。
・お互いの長所を認め合い，尊重し合えるようにする。

4 中学校の事例
教材「裏庭でのできごと」

　中学生はすでにある程度まで人生経験を積んでおり，善悪や正邪を判断する能力もついており，人間としてどう生きるべきかについて自分なりにわきまえている。しかし，個別の道徳的な問題状況でどのように知識や経験を活用し，多様な関係者の立場を理解し，自主的に正確な判断を下すかについては，まだまだ未熟なところがある。それゆえ，道徳授業でわかりきった道徳的価値をただ追認しても意味がないし，安直な物語を提示して無理に感動させようとしても，心に響かないことがある。

　中学校で充実した道徳授業をするためには，教師自身が道徳的価値を深く理解し，提示する物語をよく分析し，子どもの思考を啓発し，心情を揺さぶる発問を創意工夫し，人間としての生き方を子どもと一緒にじっくり考えていく姿勢が大切になる。

(1) 子どもの実態

　中学生は，法や規則（ルール）の大切さを理解しており，規範意識もあるが，私情や人間関係がからんでくると，ルールをやぶってしまうことがある。まだ自分の判断や決断に自信がもてず，友人の言動に流されがちである。

　例えば，普段は校則を守って生活している子どもも，友達から誘われると，平気でルールをやぶって他人のせいにしてしまうことがある。これは規範意識の低さだけでなく，自己肯定感や自尊感情の低さとも関連している。

(2) 主題の設定

　身近な友達との人間関係も大事だが，それと同時に校則などのルールを順守することも集団生活では大事になる。目先の利害関係や力関係だけでなく，責任ある主体的な価値判断ができるようになってほしいと考え，教材「裏庭

でのできごと」(文部省『中学校 読み物資料とその利用』大蔵省印刷局，1991年) を取り上げた。教材では，主人公の健二が自分の割ったガラスを(大輔の言うように) 雄一のせいにしてしまうか，それともきちんと自分が割ったこと正直に名のり出るかで葛藤する問題を考え，責任ある道徳的判断をできるようにしたい。

(3) ねらいの設定

　教材では，健二が人間関係に思い悩みながらも，自分の行動に責任をもち，誠実に実行しようとする姿が描かれている。そのため，学習指導要領の内容項目で言うと，A—(1)「自律の精神を重んじ，自主的に考え，判断し，誠実に実行してその結果に責任をもつこと」に対応する。

　そこで，授業のねらいは，一般的には「自律」に重点を置いて，「自ら考え，自主的に判断し，自律的に行動しようとする態度を育てる」と設定する。また，「誠実」に重点を置いて，ねらいを「自分の行動が及ぼす結果を深く考え，責任をもって誠実に行動しようとする心情を育成する」と設定することもできる。同様の見地から，「自由と責任」に重点を置いてこの問題を捉え直すことも可能である。

　また，「裏庭でのできごと」は，健二，雄一，大輔の友人関係や友情が書かれた教材として読むこともできる。その場合は，学習指導要領の内容項目で言うと，B—(8)「友情の尊さを理解して心から信頼できる友達をもち，互いに励まし合い，高め合う」に対応する。

　さらに，公共の器物を破損した場合の責任のとり方は，遵法精神と公徳心の問題として考えることもできる。そのため，C—(10)「法やきまりの意義を理解し，それらを進んで守るとともに，そのよりよい在り方について考え，自他の権利を大切にし，義務を果たして，規律ある安定した社会の実現に努めること」と関連づけることもできる。

　このようにこの教材には複数の道徳的価値（例えば，自主，自律，自由と責任，克己と強い意志，思いやり，友情，相互理解，遵法精神，公徳心，よ

りよい学校生活，よりよく生きる喜び，など）が含まれるため，問題解決的な学習では同時並行して複数の道徳的価値を多面的・多角的に考えていくこともできる。

（4）教材の概要

　ある日の昼休みに健二は，大輔に誘われて，雄一と一緒に裏庭でサッカーをすることになった。

　裏庭に行くと，猫が木の上のヒナをねらっていた。雄一が猫にボールを投げつけると，物置の窓ガラスを割ってしまった。雄一はすぐ先生に報告しに行った。

　その場に残った健二と大輔は，ボールを蹴りながら待っていた。健二が夢中になって強く蹴ったところ，今度は雄一が割った窓ガラスの隣の窓ガラスを割ってしまった。

　「どうしよう……」と健二が思っているところに，雄一が先生を連れてきた。大輔は健二が割った2枚目の窓ガラスも，雄一が割ったことにして，「ヒナを助けようとしてやったことだから，許してやってください」と弁護した。

　先生が職員室に戻った後，雄一は「おまえら調子よすぎるぜ」と怒った。それに対して大輔は「友達じゃないか」と気にかけなかった。

　しかし，健二は午後の授業や部活にも集中できなくなった。健二が先生に言いに行こうとすると，大輔が「あの場ですんだことだから，もういいよ」「俺をだしぬいて行くなよ」と口どめした。

　健二は家に帰ってからもずっと悩み続けた。翌朝，健二は雄一に「僕，やっぱり先生のところに行ってくるよ」と言った。雄一は「おい，大輔は……」と言いかけた。健二は首を横に振ると，1人で職員室に向かった。

(5) 教材の分析

　ガラスを割った後，登場人物たち（健二，雄一，大輔）の対応はそれぞれ異なっている。そこで3人の考え方や価値観を比較しながら，人間としてあるべき姿を追求し，それに伴う責任のとり方について検討する。ガラスを割った場合，すぐに謝りに行くべきであることは中学生なら誰でも知っている。しかし，そこには登場人物である健二，雄一，大輔の人間関係もからみ合ってくるため，「健二（主人公）はどうすればよいか」が問題になってくる。

　ここでの人間関係として，大輔が健二や雄一よりも強い立場にあることがある。そのため，健二は「すぐに先生に謝るべき」「雄一にせいにしてはもうしわけない」と思いつつ，なかなか本心を言い出せずにいる。そこで，健二が思い悩んでいる場面で物語をとめて，「健二はどうすればよいだろう」と問いかける。子どもを健二の立場にさせて，「自分だったらどうするだろう」と問いかけてもよい。

　解決策としては，次の2つがすぐに考えつく。1案「黙ったままにする。大輔を怒らせたくないため」。2案「先生に言いに行く。雄一にだけ責任を押しつけるのは悪いから」。そこで，教師は「三者が互いに納得できる解決策はないだろうか」と問いかける。そうすると，子ども同士の話し合いによって，3案「大輔を説得した上で先生に言いに行く」，あるいは4案「はじめは先生に黙っておいても，後でみんなで謝りに行く」などが提案される。子どもたちは大人の支配から逃れて独自のリアルな価値観を築くため，こうした3つ以上の多様な解決策を比較して，どれがよりよいかを検討する。

　こうした選択肢の中から因果関係も踏まえて，「できるだけはやく大輔と直接話し合うべきだ」「自宅から電話かメールで連絡する」「大輔の合意を得られた後に，先生のところへ行くべきだ」などという具体的な解決策が出てくる。健二は事前に大輔と相談して了解を得ることにより，誠実で責任ある態度と友情関係を両立させることができる。

(6) 学習指導過程の大要

次に一般的な学習指導過程を概観してみよう。

①導入

これまでの自分の生き方や友人とのつき合い方を振り返り，誠実に行動してきたかについて考える。具体的には，「正しいとわかっていながら，そう言えなかったり，間違っていると知りながら，ついやってしまったりしたことがないか」を日常の生活経験と関連づけて話し合う。

別のやり方として，「誠実」という言葉のイメージを自由に語り合ってもよい。子どもからは，「真面目な感じ」「よい人柄」「わからない」などの意見が出てくる。ここでは模範解答を見出す必要はなく，「誠実とは何か」という問題意識をもたせればよい。

②展開前段

この教材で道徳的問題となるのは，健二が自分もガラスを割ったことを正直に先生に謝罪するか，それとも大輔との人間関係を優先して，すべて雄一のせいにしてしまうかである。

そこで，まず教師は「ここでは何が問題になっていますか」と問いかける。子どもはグループ学習をした上で，「雄一が報告に行っている間にボールで遊んだこと」「健二もガラスを割ったのに先生に言わなかったこと」「大輔に口どめされて，すべて雄一のせいにしたこと」などと答えた。最初は大輔に非難が集中したが，途中から健二の態度も問題があると指摘された。

そこで，教師は「健二はどうすればよかったと思う」と尋ねる。子どもからは「大輔をちゃんと注意すべきだった」「雄一に謝ればよかった」「先生にすぐに言うべきだった」などの意見が出る。

教師はこうした議論を受けて「次の日，健二はどうしたらよいでしょう」と尋ねる。

子どもたちは「心がモヤモヤするので、はやく先生に言った方がいい」「自分1人でも言いに行った方がいい」などと答える。すると、「やはり大輔を説得して一緒に行くべきだ」「大輔が本当の友達ならわかってくれるはずだ」という意見も出た。一方で、「今さら言う必要ないよ、忘れた方がいい」という意見も出たが、「でもそれでは、今後も大輔の言いなりになるよ」「雄一に悪いよ」などという反論が続いた。

③展開後段
A　役割演技の活用

「裏庭でのできごと」のように三者三様の登場人物がいる場合は、役割演技（ロールプレイ）を取り入れることも有効である。その場合、できるだけ即興（アドリブ）で自分の考えた解決策を演技して、その是非を演技者や観衆で話し合うとよい。中学生だとこれまでの経験値も高いため、役割演技の会話も続きやすい。

例えば、健二が大輔を説得する場面を取り上げ、健二役が「やっぱり僕にも責任があるんだから、しっかり謝りに行くよ。雄一にも悪いし、自分の生き方にも嘘はつけないから」などと言う。このように問題場面を想定して自由に役割演技を行うことは、人間関係をよりよく築くスキル・トレーニングにもなるし、適切な自己主張をするセルフ・アサーション・トレーニングにもなる。

【役割演技の例】
T　：実際に考えた解決策を役割演技でやってみましょう。
健二：やっぱり僕にも責任があるから、先生に謝ってくるよ。
大輔：今さら何を言ってんだよ。俺がお前のためにうまく言いわけをしてやったじゃないか。
健二：それでも全部、雄一のせいにしては悪いよ。このまま黙っているわけにはいかないよ。
大輔：それじゃ、俺が先生に嘘をついたことになるじゃないか。自分だけい

い人になって、俺に恥をかかせるつもりか。
健二：君のせいにはしないよ。僕がボールを強く蹴ったせいだからね。しっ
　　　かり謝った方がお互い気分がいいだろう。
大輔：わかったよ。それなら、俺も一緒に謝りに行くよ。

　ワークシートに３人のふきだしをつけておき、登場人物の立場でセリフを書き込ませることもできる。雄一のセリフとして、「２枚とも俺のせいにするなんてずるいぞ！」と書く。大輔のセリフとして、「すべて雄一のせいにしておけばうまく言い逃れられる。黙っていれば、わからないだろう」と書く。健二のセリフとして、「このまま黙っているのはよくない。でも本当のことを言ったら大輔が怒るし……。でもやっぱりここでごまかしたら、これから堂々と生きていけない」などと書き込む。

B　シミュレーションの活用

　「裏庭でのできごと」を基礎問題として解決した後に、応用問題として社会問題化している食品偽装の事件を取り上げる。

　まず、食品表示を偽装した担当者の話を紹介する。「会社の不利益にならないように食品の表示を少しだけ偽装した。昔からやっていたことだし、少しくらい偽装してもこれまで発覚しなかった。まだまだ食べられるのに、賞味期限を少し過ぎただけで捨てたらもったいない」

　それに対して、食品表示の偽装を告発した担当者の意見を紹介する。「食品表示を偽装すると、一般消費者の信頼をうらぎることになる。こうした食品表示のルールを会社がやぶると、食中毒が起きるなど、社会に悪い影響を及ぼし、会社のためにもならない」

　こうした２つの意見を比較した上で、教師は「なぜこのような問題が生じたのか」「自分が担当者の立場ならどうすべきか」「自分の選択が会社や社会全体にどのような影響を与えるか」について考え、議論させてみる。

④終末

　終末では、担任教師の説話として、責任ある行動の大切さや誠実な生き方に深くふれるような話をする。例えば、担任教師の経験談として、中学時代に部活で友達と遊んでいて、高価な体育器具を壊してしまった過去を語る。迷って友達と相談した末に、２人で正直に名のり出て許してもらったというエピソードを紹介する。

　子ども一人ひとりにも日常生活を振り返らせ、「これから健二と同じような場面に遭遇した場合、どのように行動したらよいだろうか」について内省を促す。こうした子どもの前向きで肯定的な感想を授業の最後に発表し、その一部を「学級だより」などにも掲載する。

(7) 評価方法

　授業中に子どもが発言した内容や道徳ワークシート（ノート）に書かれた内容から、子どもの考えの変容を捉えて評価する。

　例えば、道徳的価値に関連する観点として、「子どもが物事をよく考えて正しく判断していこうとする意欲を高めることができたか」「自己の行動の結果について深く考え、正しく判断することができたか」「責任をもって誠実に行動していこうとする態度を養うことができたか」などを評価する。

　また、自他の経験に結びつけて考察している点や、将来の行為や習慣に結びつけて考察している点を評価する。こうした子どもの発言やワークシートに書かれた言葉について、教師はできるだけ子どものよさを認め、励まし、勇気づけるような言葉をつけて返すようにする。

　また、道徳授業で学習した成果を日常生活や学校行事などにおいても汎用できている様子を認めて評価することもできる。

第6章 問題解決的な学習で創る道徳授業 留意点と創意工夫

1 実践の留意点と対策

　問題解決的な学習で創る道徳授業は，はじめのうちは教師も子どももどうしたらよいかわからず，とまどってしまうことがある。そこで，こうした授業を実践する中で指摘されてきた留意点とその対策を示しておきたい。

(1) 慣れが肝心

　問題解決的な学習では子どもが主体的に考え，議論することが最も重要になる。そこで，教師はできるだけ子どもの主体的な発言を促し，話し合いを活性化させたい。特に，判断の是非を論じるために「どうしてそう思うのか」「その結果どうなるだろう」と尋ねたい。

　できるだけ子ども同士の意見を関連づけ，賛否を論じたり，補足したりして議論を深めていきたい。「逆の立場ならどうかな」「皆がそうしたらどうなるかな」などと道徳的原理を多角的に尋ねて，子どもの思考を刺激したいところである。

　問題解決的な学習に慣れていない場合は，子どもの方も何を答えていいのかわからず，なかなか意見が出てこないこともある。その時は，教師が具体的な選択肢をいくつか示してもよい。「〇〇する」「〇〇しない」「別の△△する」「その他」などの選択肢を出すとイメージしやすい。こうした学習を繰り返すうちに，子どもたちも徐々に問題解決的な学習のコツを心得てきて，多様な意見が飛び交うようになる。

(2) 多様な考えを尊重する

　子どもたちの考えや解決策は多様であるため，二者択一ではなく3つ以上の解決策を提案して議論を広げた方がよい。二者択一で示す場合も，多様な賛成意見と多様な反対意見を出して，相互の違いを確認したいところである。

黒板にネームプレートを使って子どもの意見を貼り，その位置を道徳的価値と関連づけてもよい。問題解決的な学習は，単に解答の「当たりはずれ」をきめるのではなく，それぞれの子どもの思いや感じ方を尊重しながら，道徳的な価値観の交流をすることに意義がある。

（3） 教材の問題状況を深く読み込む

そもそも問題解決的な学習では，子どもが登場人物の立場になって自身の経験や知見と照らし合わせながら解決策を構想するため，教材の内容から逸脱したり，教材の読み込みが浅くなったりすることがある。教材の読み込みは，問題解決の単なる手段にすぎないが，読みとりが不足すると，議論する上での共通の理解が得られないことがある。

その場合は，必要に応じて教材に戻って，事実関係や登場人物の考え方や利害関係などを確認し，再び問題解決に戻ってもよいだろう。

（4） 問題解決の議論をまとめる

問題解決的な学習をしていると議論が盛り上がりすぎて，話が混乱してしまい，ねらいとする道徳的価値に到達できないことがある。問題解決的な学習は，基本的に子どもの主体性や自発的な議論を尊重すべきであるため，偶発的な発言や即興的な考えを受け入れることも大事である。しかし，それによって子どもが道徳的に混乱し，問題解決ができなくなるようでは悪影響が生じる。

その時には，教師が議論を整理して，「ここでは何が１番大事なのか」「最終的にどうなってほしいのか」など要点を明確にする必要がある。黒板を使って，対立している価値観を図示したり，解決のための具体的な行動を絞り込んだりしてまとめていくこともできる。

（5） 子どもたち皆で授業を創る

問題解決的な学習では，一部の子どもたちだけが話し合いを独占すること

がある。その場合は，はじめに子ども一人ひとりが自分の考えをワークシートやノートに書き込み，その後で4人1組のグループで話し合い，誰もが自分の意見を言いやすい環境を整えるとよいだろう。こうして子ども一人ひとりが主役となり，相互に能動的にも協働的にもなれる関係を築くことが，学びの平等性を保障することになる。

(6) 問題解決の多様な展開

　同じ問題解決的な学習ばかり行っていると，逆にそれがいつもの形式化したパターンとなり，子どもに飽きられてしまうこともある。それゆえ，1つの問題解決的な学習だけに固執せず，道徳のテーマや子どもの発達段階や教材の性質に応じて，動作化や役割演技を取り入れたり，シミュレーションを導入したりして多様な展開をくり広げたいところである。問題解決的な学習は，組み合わせしだいで何十種類にも展開できるものである。

　年間指導計画では，単に授業ごとに内容項目や教材名を割りふるだけでなく，どのような指導方法をどのタイミングで使うかも考えて配置しておくべきである。

(7) 子どもと教師が一緒に授業を創る

　問題解決的な学習は，子どもが主体的に考え議論する学習であるが，すべてを子ども中心にしてしまうと，授業のねらいを達成できないことがある。

　問題解決的な学習で道徳授業を構成する場合は，基本的に教師は子どもの主体性や自発的な議論を尊重し，やる気を起こさせるように促進するファシリテーター的役割を果たすべきである。しかし，仮に子どもたちが議論で混乱したり停滞したりする場合は，そのまま放任するべきではない。

　考えるヒントとして情報や原理を教示したり，多面的・多角的に考える視座を与えたりすることが有効になる。子どもと教師が道徳的な問題解決を通して協働探究しながら一緒に価値観を築き上げ，一緒に授業を創り上げることが大事である。

(8) 子どもの心理的動揺に配慮する

　子どもたちは問題解決の場面で自分の経験や知見から解決策を本音で語るため，時に心が揺さぶられて心理的に不安定になることがある。また，子どもたちが自由に語り出すと，誤った考えを批判したり他人の悪口を言ったりすることもある。特に，子どもが問題場面に自分を置いて複数の解決策を絞り込む過程では，子どもの日常生活と関連づけて嘲笑したり非難したりすることもある。

　そこで，議論では「誰が悪いか」ではなく「何が問題か」「どうすれば解決できるか」に目を向けるようにする。明らかに誤った意見には，「他の見方もできないだろうか」と見方や考え方の変更を提案する。

　そして，問題解決的な学習では互いの経験や本音を共感的に理解して，他者の意見を寛容に受けとめることをルールとする。

　また，子どもたちが議論で相互に心を傷つけ合う場合は，教師がすぐに介入し，常に安心・安全な環境を保つべきである。普段の生活においてもクラス全体で子どもたちが相互に愛着をもち，他者の意見や権利を尊重し，相互に支持し合うあたたかい雰囲気をつくっておくことが大事になる。

(9) 教師もアドリブ力を高める

　問題解決的な学習で創る道徳授業は，即興性や応用性が高いため，すぐに対応できないこともある。実際のところ，問題解決的な学習を有意義に指導するためには，教師の方にもかなりの授業力が求められるし，子どもにもある程度の判断力や発表能力が求められる。

　こうした点が不足している場合，教師であれば模擬授業や教育経験を積んで授業の力量を高めていただきたい。子どもであれば2人のペア学習や4人のグループ学習にして相互に聞き合い学び合う関係をつくって発表能力を高めたい。道徳用ワークシートやノートに記入させて発表前にきめ細かくフィードバックなどをすることで徐々にアドリブにも対応できるようになる。

2 さらに実践を盛り上げる創意工夫

　問題解決的な学習で創る道徳授業は，子どもが道徳的問題について自ら考え，主体的に判断し，話し合う授業である。そのため，子どもたちが考えを深め，議論を盛り上げるように創意工夫する必要がある。

(1) 板書の工夫

　昔ながらの道徳授業では，右から左へと場面ごとに主人公の気持ちを書き連ねていくことが多い。それに対して，問題解決的な学習では，中心的な部分をクローズアップして，道徳的問題を構造化し，話し合いを広げたり深めたりすることに役立てていく。そこでここでは，道徳の板書力を高めるための方法を具体的に考えてみよう。

①問題解決を考える板書

　問題解決的な学習では，子どもたちが道徳的な問題場面でどうすればよいかを考える。そこでの板書は，様々な解決策を比較検討するために使うことが多い。まず，教材「しっぱいしたって」（光村図書）を使って小学1年生に行った授業の板書を見ていただきたい。

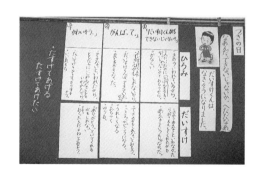

　資料ではまず，だいすけがひろみが算数ができないことをからかう。次の日ひろみは，だいすけがなわとびができないことを見て，「どうすればいいか」を考える。ひろみは昨日のしかえしに「あなたもできないことがあるじゃない」とからかうこともできる。「かわいそう」と言って見守ることもで

きる。「がんばって」と応援したり、とび方のコツを教えたりすることもできる。この時、「ひろみはなぜそうするか（判断理由）」「そうすることで、だいすけはどうなるか（因果関係）」「自分ならどうしてほしいか（可逆性）」をじっくり考えるのである。

ここでワークシートの枠組みと同じマトリックス図を板書でも用いて、子どもたちが人間関係や因果関係を深く考えられるように工夫している。

②問題場面をクローズアップした板書

問題解決的な学習で創る道徳授業では、問題場面をクローズアップして、中心部分を浮き立たせて話し合うことも多い。

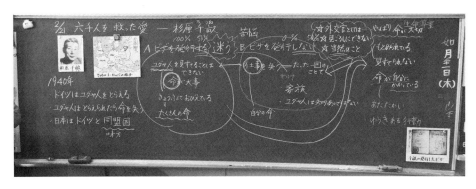

この授業では、導入で黒板の左側で杉原千畝についての基礎知識や当時の世界情勢を説明している。次に、展開部では、千畝がビザを出すか出さないかで迷っている場面を黒板の中央に書いて、対比的に示している。ビザを出す決断がどれほど難しく尊い行動だったのかを、板書を通して構造的に考えられるように工夫してある。さらに、黒板の右側では、人種や民族を超えて生命を尊重した千畝の勇気ある行動について結論をまとめている。中央の板書と線でつなぎ、心情面を色分けして視覚的に訴える配慮もしてある。

③より深く考えるための板書

道徳授業は、道徳的問題を協働して考え、道徳的価値の自覚を深め、道徳

的実践力を養うことが大事になる。ここで教材「『スイミー作戦』『ガンジー作戦』」（光文書院）を用いて行った小学4年生の授業の板書を見てみよう。この授業では，左側でいじめの人間関係について板書しながら検討している。次に，中央のあたりでスイミー作戦（弱者が団結して強者に立ち向かう作戦）とガンジー作戦（被害者が非暴力で抵抗する作戦）を比較し，いじめ対策として有効かを検討している。話し合う中で，両方の作戦には長所も短所もあることがわかってくる。

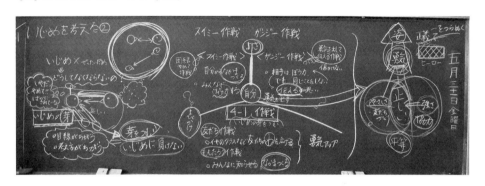

そこで，実際のいじめにはどうすればよいかについて第3の解決策を考えていく。中央の下段にグループごとに考えた「友達作戦」「桃太郎作戦」などを記して，それぞれの有効性や課題を考えていく。

さらに，黒板の右側では，授業のまとめで，子どもたちの発言をもとに，「強さ」と「優しさ」をあわせもった勇気ある行動が大切であるという認識に至った。こうした話し合いの過程が，板書に反映され，子どもたちとの共同作業によって道徳的認識が深まった様子がうかがえる。

道徳授業の板書は，あくまで子どもたちが道徳的問題をじっくり考え，話し合うための道具である。子どもたちがテーマを視覚化し，構造化し，ともに考えを深め合えるような板書を創意工夫したい。

(2) グループ活動の充実

道徳授業は，子どもが自己の生き方をじっくり考え，よりよく生きる力を

育むための時間にしたい。そのためには，自分の殻（思考の枠）を抜け出し，互いに考えを伝え合い，共感的に理解し合い，助言し合う人間関係が是非とも必要になる。特に，問題解決的な学習で創る道徳授業では，子ども同士で様々な問題に協働して取り組むため，グループ活動を取り入れることが極めて有効である。

　グループ活動の利点は，少人数（4人1組が適当）であるため，子ども一人ひとりが主体的かつ積極的に授業に参加できることであり，協働して探究するため，多様な解決策を見出せることである。こうした点でグループ活動は，①自他の考えを表明し合い，共感的に理解し合うことを目指す活動と，②議論して合意形成を目指す活動に大別できる。こうした2つのグループ活動の特徴を示し，その留意点を考えてみたい。

①共感的に理解し合うグループ活動

　問題解決的な学習で創る道徳授業は，人生の問題をグループで考え合い，共感的に理解し合うことを重視する。例えば，小学4年生での「努力・忍耐」をテーマにした，イチロー選手の物語を用いた授業を見てみよう。

　導入では，これまでの人生を振り返って成功や失敗の体験を思い出す。そして「成功のカギは何だったか」を考えることで問題意識をもつことになる。

　次に，展開前段では，イチロー選手が子どもの頃から毎日，猛練習を続けることにより日米でプロ野球選手となり活躍した物語を教材で読む。そこで，「なぜイチロー選手は成功できたのか」をグループで話し合う。はじめは，「才能があったから」「運がよかったから」という外的要因に目を向けがちだが，グループ内で話し合ううちに「人の何倍も努力して技術をみがいたから」「小学校の頃から休まず練習してきたから」という内的要因についても認識が深まっていく。

　その後，全体交流でイチロー選手が成功した秘訣は努力を続けたことにあることを理解した上で，展開後段では，子どもたち一人ひとりが「これからの人生で成功するためにはどうすればよいか」を考える。ここでも子どもた

ちは自分なりの考えをグループで発表し合う。例えば，「毎日の厳しい訓練に耐えて，宇宙飛行士になりたい」「弁護士になるために本をたくさん読んで勉強したい」などの考えを提示し合う。

このようにグループ活動を通して，子どもたち全員が「自己の生き方」を発表して理解し合えることが肝心である。授業の終末では，クラス全体で互いの夢とそれを実現させるための努力の意義について認識を深め，今後の生き方に反映させていくのである。

②議論し合うグループ活動

問題解決的な学習で創る道徳授業では，実際の問題をグループで議論し合い，納得して合意形成することも重視する。その一例として，中学2年生で教材「いつも一緒に」を用いて友情をテーマに議論した授業を見てみよう。

導入では，「日頃の友達づきあい」について問いかける。ここで生徒は様々なつきあいを出してくるが，押さえるべきポイントは，自他を尊重し合う関係であり，一方が他方を犠牲にすることがない対等な関係であることである。

展開部では，いじめに発展していく友人関係の事例を検討して，「どうすれば解決できるか」をグループごとに話し合う。はじめは，「みゆきも悪いのだから，見て見ぬふりをした方がいい」という意見も出るが，「助けに入らないとどんどんひどくなる」と主張する意見も出る。そこでグループ内で「みゆき（被害者）の立場なら，どうしてほしいだろうか」「真理子（傍観者）の立場では何ができるだろうか」などについて考えを深め，全体交流に入る。

展開後段では，いじめに介入する場合，どのような手段を用いればよいかをグループで話し合う。例えば，「加害者（恵子）にしかえしをする」「皆で冷静に話し合う」「先生や友達に助けを求める」「みゆき（被害者）も反省して生き方を改める」などと意見を出し合う。こうした中で最も納得できる解決策をまとめ上げ，全体交流に入る。

いじめのような重いテーマでもグループ活動だと率直な意見が飛び交い，子ども同士が本気で考える様子がうかがえる。授業の終末では，クラス全体でいじめをなくすために，「思いやりの心」が大事であることを再認識し，それを現実的な問題解決にも応用していけるように促すのである。

③思いやり助言するグループ活動

　以上のようにグループ活動は，問題解決的な学習で創る道徳授業を有意義に活性化する上で役立つが，留意したい点が３つある。

　まず，「思いやるグループ」を構成することである。グループ活動では，相手を否定したり傷つけたりする発言が不意に出てくることもある。しかし，「それは間違いだ」とか「そんなの夢にすぎない」と頭ごなしに否定すれば，自己の生き方や価値観を表現しづらくなる。事前に互いの発言を尊重し合うルールをつくり，配慮し合う関係にしておく必要がある。

　次に，「助言するグループ」を構成することである。公共的な問題を解決する場合は，私的な意見もそのまま容認するのではなく，客観的かつ公平な立場から改善を促したり，次善の策を探し求めたりすることも大切である。互いの生き方や価値観を認めながらも，よりよい考えを提案し合い，高め合う関係にするのである。

　最後に，こうしたグループ活動を現実の道徳的な問題解決にも役立てることである。子どもが日頃からグループ活動を行い，互いの意見を表明したり，学校の様々な問題を協働で解決したりすることで，「自己の生き方」にも反映され，「生きて働く道徳性」を育成することにもつながるのである。

（3）いじめ問題への対応

　学校のいじめは教育問題を越えて社会問題化している。教育再生実行会議の第１次提言では，「いじめの問題等に対応」するために「道徳を新たな枠組みによって教科化し，人間性に深く迫る教育を行う」よう提言している。

　2013年にはいじめ防止対策推進法も施行されたが，学校の道徳教育でどの

ように対応すべきかまでは十分に議論が及んでいない。岐阜県可児市では，全国に先駆けて「いじめ防止条例」が2012年10月に施行され，学校・家庭・地域全体を通していじめを防止する諸活動に取り組んでいる。ここでは筆者が可児市教育委員会と協力していじめ問題に対応する道徳授業として開発・実践してきた事例を紹介したい。

①いじめ問題に対応するために

　いじめ問題に対応するための道徳授業は，これまでも少なからず開発・実践されてきた。ただ，従来のように，教材の登場人物の気持ちを考えて，建前で立派なことを発言するだけの道徳授業では，現実の過酷ないじめ問題に対応することは難しいだろう。逆に，即効性を求めて生徒指導や学級活動のように現実のいじめ問題を道徳授業で扱うと，子どもたちが冷静に話し合えなくなる上に，道徳的諸価値を系統的に理解したり，人間性に深く迫ったりすることもできなくなる。

　問題解決的な学習を取り入れて実効性のある道徳授業を創るためには，子どもたちが自らいじめ問題に取り組み，道徳的な価値判断を主体的に行い，人間としての在り方について熟慮するとともに，実際の日常生活にも応用できるように工夫する必要がある。

　こうした道徳授業で考えたことや学んだことを学校の教育活動全体（特に，学級経営，生徒指導，特別活動など）に結びつけ，道徳的実践や道徳的習慣の形成にもつなげることが肝要になる。

②いじめ問題に対応する道徳授業

　筆者は竹井秀文教諭と共同で，いじめ問題に対応する道徳授業を開発・実践してきた。ここではいじめ問題に関する特徴的な実践例として以下の2つを紹介する。

　事例1

　まず，いじめの構造を理解し，いじめを予防する道徳授業を行った。導入

では，可児市の「いじめ防止パンフレット」を取り上げ，いじめの形態や内容を確認し，いじめの被害者，加害者，傍観者（観衆，仲裁者）の立場を構造的に理解した。

展開前段では，竹井教諭の自作教材「いじめがなくなった日」を用いて，教室でからかいや悪ふざけを受けてきた主人公の立場からいじめ問題をどう解決するかを考えた。まず，被害者の立場から加害者たちに向けて，「いじめが嫌」であり「やめてほしい」ことを適切に主張する方法を考えた。次に，傍観者の立場から，どうすれば被害者を助けられるかについて話し合った。無関心で無責任な傍観者ではなく，積極的にいじめをとめる仲裁者になる手立てを語り合った。最後に，加害者の立場から，他者の苦しみや悲しみを共感的に理解し，相手を尊重することの大切さを話し合った。その後，週ごとに学級会などを通じて，いじめのない学級環境がつくれているかを振り返った。

事例2

偉人伝もいじめ問題を取り扱う上では極めて有効である。例えば，幼少の頃いじめられていたが，明治維新の立役者となった坂本龍馬。幼少の頃に左手の火傷のことでいじめられるが，そのくやしさをバネに世界的な名声を博した野口英世。ナチスからの迫害を受けたユダヤ人難民に対して国境を越えて人道支援をするべくビザを発行し続けた杉原千畝。こうした偉人の生き方からいじめ問題を克服するヒントを得ていく道徳授業である。例えば，杉原千畝の授業では，「千畝はなぜビザを発行したのだろう」「自分なら発行できるだろうか」「千畝ならいじめ問題にどう立ち向かうだろうか」と問いかけた。そこで子どもたちは，千畝の涙ぐましい英断に心を震わせながら，人道（人類愛）の見地から弱者を思いやり，いじめを許さない正義感を自己の生き方に結びつけていった。

いじめ問題に対応する問題解決的な学習で創る道徳授業では，子どもたちが実際にいじめ問題に取り組み，主体的に考え判断するため，いじめを未然

に防いだり，実際に起きた問題に役立てたりすることができる。

こうした道徳授業は，事前・事後の教育活動とも総合的に関連し，学校だけでなく家庭や地域にもつながっていく。そうして安心で規律ある道徳的環境が確立されることで，子どもたちの日常生活からいじめがなくなり，確かな人格形成の場になるのである。

(4) 気になる子どもへの配慮や支援

どのクラスにもテーマごとに言動の気になる子が何人かいるものである。道徳授業は，個別のカウンセリングとは異なるため，基本的には集団指導を主とするが，気になる子には特別な配慮や支援をする必要がある。

研究授業でも，気になる子を対象児童・生徒として設定し，「ここぞ」という時に発言を促したり事後指導したりするが，その効果はあいまいである。そこで，問題解決的な学習で創る道徳授業では「気になるあの子」にどう対応するかを事例から考えてみたい。

①トラブルを起こす男子児童

クラスの子どもたちとしばしばトラブルを起こす小学5年生のA男がいた。担任のB先生（30代男性）は，A男を何とか反省させたいと考え，道徳授業を構想した。そこで，定番教材「手品師」を用いて，大劇場での成功よりも小さな子どもとの約束を優先した手品師の心情に感動させ，A男に誠実な生き方を教えようとした。

この授業でA男はどうしても手品師に共感できず，「こんなやり方はおかしい」と言い出した。それを聞いたB先生は不機嫌になり，君の意見ではなく，手品師の気持ちをもっとよく考えるように促した。しばらくしてA男は，「手品師の気持ちはわかるけど，僕は手品師のようにはなりたくないです……」とつぶやいた。この発言を聞いたB先生は授業のねらいを達成することができず落胆した。もちろん，授業後のA男の言動には何の変化も見られなかった。

そこで，B先生は次の授業で「マラソン大会」という教材を使った。監督の命令で，C選手はレース直後に飛び出し，敵チームのペースを崩し，後からくる同じチームのD選手を勝たせる手はずになっていた。C選手はレース途中で脱落する予定だったが，本命のD選手が追いついてこないため，そのまま必死で走り続け，自己ベストで優勝してしまったという話である。

　B先生はこの話で「全体のために自己を犠牲にする精神」をA男に教えたかったが，A男の本心を聞くために，「自分がC選手だったらどうするだろう」と問題解決型の発問を行った。すると，A男は「監督の命令でチームの犠牲になるのは嫌だ」と言ったが，その後「C選手が自分を犠牲にしてでもチームを勝たせようとし，最後まで走りぬいて優勝したのはすごい」と声を震わせた。

　実は，A男もこれまで先生の指示で学級会や児童会で同級生の下働きをさせられ，不満を募らせていたのだ。しかし，A男はそれが自身の潜在能力を引き出すことにもつながっていたことをこの授業で自覚したのである。

　B先生は，これまでA男のわがままを責めるばかりで，A男が皆のためにしてくれたことを見すごしていた。そこで，A男のクラスでの貢献を認めるとともに，誰かのためにがんばることが，自分の成長にもつながるのだとまとめた。A男はこれに深く納得して，その後は穏やかで優しくなり，友達とトラブルを起こすこともなくなっていった。

②友達関係に悩んでいた女子生徒

　中学2年生のE子は，クラスの友達のことで悩んでいた。仲よくしていた友達のF子たちが離れていき，E子は休み時間に独りでいることが多くなった。担任のG先生（30代女性）がE子の寂し気な表情に気づき，仲のよかったF子たちにわけを尋ねてみたが，「別に……」としか答えなかった。

　何かわだかまりがあることを察知したG先生は，構成的グループ・エンカウンター形式で道徳授業を行い，お互いの本音をぶつけ合うのが1番と考えた。そこで，友達について思っていることを正直に言い合うエクササイズを

した。はじめは和やかな雰囲気で楽しく話し合いが進んだが，Ｅ子とＦ子が向き合った場面では重苦しい雰囲気に包まれた。

そこでＧ先生が２人に「思っていることを正直に話して」と促した。するとＦ子がつらそうな表情で「私，あなたのことを友達だと思っていなかった」と言い放った。するとＥ子はひどくショックを受け，「そう……。今まで友達のふりをしていてくれてありがとう」とつぶやいた。この会話に教室は凍りついた……。

この授業で生徒たちの人間関係はより悪化し，Ｅ子の孤立もひどくなった。こうした場合どうすればよかっただろうか。もしエンカウンターを取り入れるなら，お互いの「いいところ見つけ」のエクササイズでもして，長所を認め合うことからはじめるべきだろう。気になる生徒のよさをあたたかい人間関係の中で出し合い，セルフイメージ（自己像）を改善し，自己肯定感を高めるのである。

その後で，例えば親友同士だった者たちが気持ちの行き違いから対立する関係になった物語などを取り上げ，「どうすれば２人の関係を修復して，仲直りできるか」について皆で話し合う。こうした場面に役割演技を取り入れながら，Ｅ子やＦ子が適切に自己主張し合えるような関係を築き直せると充実する。やはり道徳授業では，ほどほどに子どもたちの日常生活と距離感のある物語を使って，よりよい生き方を話し合うのがポイントである。

気になる子のために道徳授業を役立てようとするのであれば，とても細やかで丁寧な配慮が求められる。そこでは，カウンセリング・マインドをもって，そうした子どもたちの心を共感的に理解し，一緒になって道徳的問題を考え，よりよい生き方についてじっくり考えていく姿勢が大切になる。

そのためには，授業中の発言のみならず，生活（道徳）ノートやワークシートも活用して教師と子どもの間で心の交流を行い，子どもが問題解決を通して道徳的に成長できるようしっかり支援していくことが大事になる。

(5) 自己決定を促す工夫

　子どもの自己決定力を高めるために、道徳授業はどうあればよいだろうか。従来の道徳授業は、教材に登場する主人公の決定を共感的に理解させることで、その精神を見習わせようとする傾向が強かった。それに対して、問題解決的な学習で創る道徳授業は、主人公の立場から、子どもたちなりの自己決定を促すところに特徴がある。

　その際、大事になるのは、まず、事実を踏まえて論理的に考えることである。次に、自分なりに過去の経験や人生の指針に即して決定することである。そして、公共的な問題であれば、皆で話し合いながら、合意を形成しつつ決定することである。この３点から自己決定力を高める道徳授業の在り方を考えてみよう。

①事実を踏まえて論理的に考える

　道徳の問題でも、架空のつくり話であれば、事実関係にこだわらず、憶測で考えても特に支障はないだろう。自分とは関係のないことなら、その行動指針に責任をもつこともないだろう。しかし、もし自分の人生に深くかかわる問題であれば、誰もが真面目に事実関係を見極め、論理的に筋道を立てて考え、その結果に責任をもつだろう。

　例えば、クラスの友達とケンカをして、悩んでいる時、どうしたらよいだろうか。そもそもケンカの原因は何だったか。どちらの言い分が正しいのか。相手と自分はどのような性格で、どのような人間関係にあるのか。仲直りしたいのか、ほどほどに修復したいのか、少し距離を置きたいのか。

　子ども同士がケンカをすると、すぐに仲直りさせようとして、無理やり握手させて解決したつもりでいる教師もいる。しかし、それでは子どもたちの自己決定力は育たず、ただ見せかけの仲直りを演出するだけである。むしろ、ケンカ（問題）の時こそ、それまでの人間関係を振り返り、その原因や課題を分析し、それを克服して互いに成長し合う絶好のチャンスである。

道徳の教材でも，登場人物がケンカした場合，ただ「仲直りすればいい」と機械的に考えさせるのではなく，事実関係を踏まえて論理的にも情緒的にも納得できる解決策を決定すべきである。

②過去の経験や人生の指針を考える

　自己決定する場では，過去の自他の成功・失敗体験を踏まえ，これまでの人生の指針や原則をじっくり振り返ることが肝心である。先ほどのケンカなら，「これまでどうやってケンカを解決してきただろう」「どうすることが自分として（人間として）最善か」をじっくり考えるのである。

　現実的に考えれば，解決策は様々ある。相手を力づくで押さえ込むのか，話し合うのか。自分から謝るのか，相手に謝らせるのか。気持ちよく仲直りするにはどうすればよいか。いつまでも仲直りできずにいたら，どうなるだろうか。そうした問いを投げかけ，いろいろ条件を入れ替えながら，皆で考えを出し合ってみるとよい。

　それから，自分の人生の指針や価値観を明確にしながら，自分なりの解決策を考えることも有意義である。一般的な道徳律としては，「自分が嫌なことは，人にもしない」「自分がしてほしいことを相手にもしてあげる」と考え，相手の立場を思いやることが大事である。

　ケンカの場合，その原因が単なる自分の意地悪であれば，すぐに謝ればすむことである。ただ，もし親切心からやったことが相手に嫌がられたとしたら，誤解や曲解をとくために話し合うことが必要になる。それぞれの価値観や指針を確かめ合い，「どうすればお互いに納得できるか」「どうすればお互いに成長し合えるか」を考えて判断したいところである。

③合意形成しながら自己決定する

　公共的な問題であれば，さらに話し合いを重ねて自己決定する必要がある。単なる自己満足の決定では，公共的な問題を解決できないからだ。先ほどのケンカにしても，実はそれぞれの子どもたちの背後にある利害関係が複雑に

からみ合っている場合もある。また，1対1の対等な関係の問題ではなく，強弱のある複数のグループ間で対立している場合もある。それゆえ，関係者の言い分や立場をそれぞれじっくり理解するところからはじめる必要がある。

　また，対立の奥には，子ども同士の性格特性，家族的背景，文化的背景，社会経済的な背景などがからみ合って，根深い問題になっている場合もある。それゆえ，「相手だけが悪い」と一方的にきめつけるわけにはいかない。むしろ，自他には考えや価値観に違いがあって当然と捉え，多様な考えを交流させる中で，共感し合い，納得し合える考えを見出したいところである。

　このように問題を総合的に俯瞰しながら，将来を見据えて，実行可能な解決策を考えることが，本当の自己決定力を高めることになる。もちろん，全体を洞察する力や将来を見通す力は，道徳性の発達段階によって異なるため，発達段階に応じた自己決定力を養っていく必要がある。

　以上のような道徳授業で養った自己決定力は，実際の生活場面で活用・応用することで本物になっていく。それゆえ，道徳授業を日常生活に関連づけて，本当の道徳性を育成することが必要不可欠になる。

　ただし，架空の物語を用いて養った自己決定力は，現実の問題場面でそのまま通用しないこともある。それゆえ，上述したように現実世界をしっかり見据えて，問題解決の経験を着実に積み重ね，自己決定力にみがきをかけながら，「生きて働く道徳性」を養っていけるようにしたい。

第7章 問題解決的な学習で創る道徳授業実践例

1 小学校での実践例

　本章では問題解決的な学習で創る道徳授業の実践例を具体的かつ簡潔に紹介することにしたい。以下に示す事例は，現場の先生方が問題解決的な学習で創る道徳授業として作成された指導案に筆者がコメントして改良を加え，実際に研究授業で実践したものである。それゆえ，問題解決的な学習という点では共通しているが，各先生方の独創性や斬新さゆえにバラエティに富んだ内容になっている。

(1) 小学1年生

①「かぼちゃのつる」

　〈教材の概要〉かぼちゃがつるを他の畑に伸ばし，ミツバチやスイカから注意されてもきかない。道端に出ていき，子犬に注意されてもきかない。最後に車につるをひかれて泣きだす。

　一般的には，各場面でカボチャの気持ちを聞いて，「わがままをすると，ひどい目にあう」「注意は素直に聞くこと」と反省させることになる。こうしたやり方では学年が上がるにつれて子どもの受けとめが悪くなるのは当然である。

　そこで問題解決的な学習を取り入れた道徳授業では，物語を読んで「カボチャはどうすればよいだろう」と問いかける。解決策としては，「好きに伸ばす」「いっさい伸ばさない」「自分の畑にだけ伸ばす」などが考えられる。

　それぞれを吟味するために，まず他者（ミツバチやスイカ）の立場を考え，「他人が自分の畑に入ってきてもいいかな」と問う。次に因果関係を理解するため，「つるをどんどん伸ばすと，どうなるかな」と問う。さらに，互いの幸福を考えるために，「どうしたら皆にとっていいかな」と問う。このように子どもたちが深く考えると，自由にのびのび行動するのはよいが，他者

に迷惑をかけないようにし，安全にも気をつけるべきという行動原理が身につき，実生活にも活用できるようになる。

②「しっぱいしたって」

教材「しっぱいしたって」（光村図書）を用いて上田恵己教諭が開発・実践した授業を紹介したい。

〈教材の概要〉算数の時間に先生から8＋7を聞かれて，ひろみは答えられない。それを見て，だいすけは「そんなものもわからないの」と言う。次の生活科で，だいすけは昔遊びのコマ回しをやるがうまくいかず，皆から「できないじゃないか」と責められる。

ここで従来の道徳授業なら，ひろみに模範的な発言をさせて共感的に理解させる。それに対して，問題解決的な学習では，「ここでひろみはどんな言葉をかければよいか」を考える。解決策として「一緒に責めたてる」「何もしない」「がんばれと応援する」「一緒にやってあげる」が挙げられた。次に，それぞれの解決策を実際にした場合，どうなるかも考えた。その中で，子どもたちは相手に悪く言われたら，自分も嫌な気持ちになることに気づき，相手の身になって思いやりのある言動をすることが大切だと悟った。

このように小学校の低学年では，生活経験に近いことを取り上げ，現実的にどうすればよいかを考えるとわかりやすい上に，実際の道徳的行為や習慣にもつながりやすい。道徳性とは単なるかざりではなく，生きて働くものなのである。

③「育てたすずめのひな」

生命尊重をテーマに「育てたすずめのひな」（文部省）を用いて亀谷浩一教諭が開発・実践した授業を紹介したい。これは「わたし」がケガをして道端に落ちていたすずめのひなを拾ってきて手当てをしたが，治った後に自然

にかえすべきか迷うという話である。

この教材の問題場面を2つに分けて、まず「道端にケガをしたすずめのひなが落ちていたらどうするか」を考えた。子どもたちは「手当てする」「助ける」という解決策と「ほうっておく」「何もしない」という解決策に分かれた。教師が「何もしないでほうっておくと、どうなるかな」と尋ねると、「他の動物に食べられてしまう」「餌を食べられずに死んでしまう」という意見があった。そこで、主人公の「わたし」のようにケガの手当てをした方がよいという結論になった。

そこで次に、「ケガが治ったら、すずめのひなをどうしたらよいだろう」と尋ねた。すると、子どもたちの意見は「そのまま飼えばいい」と「自然にかえした方がいい」に分かれた。その理由としては、「鳥かごの中ではかわいそう」「ケガが治ったらはなしても大丈夫」という意見と「外に出したら猫に襲われるかもしれない」「もう自然には戻れない」という意見があり対立した。本当に生命を大切にするなら、自由にしてあげた方がよいという意見に傾いていった。

ここで「先日、特別活動の時間にとったバッタたちをどうするか」という話に広がった。「せっかくとったバッタを虫かごで飼いたい」という子どもたちに対して、「自分がバッタだったら野原で自由にしていたいよ」という声が上がった。この授業後、とったバッタを自主的に野原にはなしてあげる子どもたちの姿が見られた。

④「また、こんど」

勤勉努力をテーマに「また、こんど」（学研）を用いて吉村光子教諭が開発・実践した授業を紹介したい。これは子つばめが親つばめから飛ぶ練習を

するように言われるが怠けていたら，南の島へ行く途中で海に落ちてしまったという話である。

まず，導入ではつばめが寒くなると南の国へ飛び立つことについて，地図を使って具体的に示した。

展開部では，教材を「練習を怠る場面」と「練習不足で海に落ちる場面」の２つに分割して，教師が前半を読み上げた。そして，「練習を嫌っている子つばめは，どうしたらよいだろう」と尋ねた。すると，子どもたちは「ちゃんと練習した方がいい」「遠い南の国まで行くのだから大変だよ」「僕も空手の練習を毎週休まずやっているよ」という意見が出た。その一方で，「毎日毎日，練習するのはめんどうだよ」「練習している時に翼をケガするかもしれない」などの意見が出た。「毎日が大変なら，週３回くらいにすればいいんじゃないかな」という折衷案も出た。

その後，教師が後半の悲しい結末を読み上げた後，再び「子つばめはどうすればよかったかな」と尋ねた。すると，「やるべき時はきちんとやった方がいい」「南の国に行けなくなったら大変だよ」「海では練習できないから，地上で練習しておけばよかった」「何でも練習してうまくできるようになったら嬉しいよ」などと発表し合った。

展開後段では，間近に迫った運動会について自作教材を提示した。「運動会の練習をさぼって，遊んでいる子がいるけれど，どうすればよいかな」と問いかけた。子どもたちは先ほどの子つばめの話を教訓として，しっかり練習しなければ大変なことになるかもしれないと話し合った。

この授業後に設定された運動会の練習では，クラスの皆が手を抜かず，真面目に取り組む様子が見られた。実際の運動会でも，準備万端であったため，各競技で上手に活躍する様子が見られた。

(2) 小学2年生

　道徳授業の実効性がなかなか高まらないのは，子どもたちが授業で習得した道徳的な考え方を実生活で活用できないからである。例えば，小学校の低学年の場合，擬人化した動物が登場する話を読むだけでも喜ぶが，それをおとぎ話のように受けとめて，実生活とは切り離してしまいがちである。それでは，実生活で生きて働く道徳性を育むために，どのような道徳授業が創れるだろうか。

①「なまけにんじゃ」

　まず，「自立・節度」をテーマに「なまけにんじゃ」（光文書院）を用いて小野祐子教諭が実践した授業を紹介する。

　〈教材の概要〉「ぼく」が家で宿題をしていると，なまけ忍者がやってきて「面白いテレビでも見よう」と誘ってくる。「ぼく」が部屋の掃除をはじめると，なまけ忍者が「どうせすぐに汚れるから，やめなされ」と誘ってくる。

　まず，教師は「こんななまけ忍者の声が聞こえてきたら，どうすればいいかな」と問題解決的な発問をする。子どもたちはいろいろな解決策を個別にワークシートに記入して，ペアで発表し合う。

　ここで教師がなまけ忍者の役になり，子どもたちが「ぼく」の役になって役割演技する（写真参照）。教師がなまけ忍者のペープサートを持って「テレビでも見ようよ」と誘惑しにくると，子どもたちは「どうしよう」と迷いながら，「あっちへ行ってくれ」「ちゃんと勉強してからテレビを見た方が楽しめるよ」と言う。教師が「今しかやっていない番組だよ」と言うと，子どもたちは「録画しておけばいいよ」と言い返した。

次に，教師がなまけ忍者の立場で「部屋を掃除してもむだだよ」とささやくと，子どもたちは「部屋をきれいにすると気持ちいいよ」「ちょっとずつ片づけると，楽だよ」などと反論した。
　これは心理学でいう「外在化」を用いた手法である。「なまける自分」を責めるのではなく，自分の怠惰な性向を外在化して，それを上手に説得するセルフ・カウンセリングの応用である。そのため，子どもたちも気楽に自分の怠惰な性向に打ち勝つ言葉を投げかけて，克己心を身につけていくことができる。
　この後，家庭での勉強や手伝いと結びつけて，自分の中の「なまけ忍者」に勝てたかどうかを自己評価し，実効性を確かめることもできる。

②「となりのせきのますだくん」

　次に，親切をテーマに絵本『となりのせきのますだくん』と『ますだくんの１ねんせい日記』（ともにポプラ社）を用いて実践した授業例を紹介したい。
　導入では，友達関係について振り返る。教師が「お互い仲よくつきあえているか」を尋ねると，子どもたちは「同性の友達とは仲よくしているが，異性の友達には意地悪な子もいる」などと話す。
　展開前段では，まず，教師が『となりのせきのますだくん』を読む。
　この本の概要は，気の弱いみほちゃんが隣の席のますだくんから受ける意地悪に悩み，不登校気味になるという話である。
　この本を読んだ後，ますだくんについて尋ねると，イラストのイメージから「ますだくんは怪獣みたい」「意地悪な子は嫌い」「もっとみほちゃんに優しくした方がいい」と言い合う。
　次に，教師が「みほちゃんはもう学校に行きたくないようです。どうしたらいいかな」と問題解決的な質問をする。すると，子どもたちは「ますだくんを怒ればいい」「先生に厳しく叱ってもらう」「席を替えてもらう」などと解決策を提案していた。

ここで，教師が『ますだくんの1ねんせい日記』の一部を抜粋して，ますだくんがみほちゃんについての心の内を語る場面を読む。

　この本でのますだくんは，単にみほちゃんに意地悪をしたいわけではなく，本当はみほちゃんが計算やなわとびができないことを心配して，世話をやいてあげようとしている。しかし，ますだくんの粗暴な態度は，みほちゃんにとっては意地悪をされているように思えるのである。

　この2冊を読み終えた後，教師が「みほちゃんとますだくんが仲よくなるためにはどうすればいいかな」と問いかける。ますだくんの乱暴な言動にも問題があるが，一方的にますだくんを嫌うみほちゃんの態度にも問題がある。

　子どもたちは，「ますだくんはもっと優しく伝えた方がいい」「みほちゃんもますだくんの気持ちをわかってほしい」などと答える。お互いに歩み寄り親切にし合うことの大切さを発表し合った。

　そこで，2人の顔にふきだしをつけたワークシートを配り，互いに歩み寄り思いやるセリフを書き込んだ。そして，2人1組で適切な自己主張（セルフ・アサーション）ができるようにし，最後に1組の男女ペアに前に出て発表してもらった。

　そこで，子どもたちはみほちゃん役の時は「あまり意地悪しないで。教えてくれる時は優しく話してね」などと言う。ますだくん役の時は，「いろいろごめんね。お世話をしてあげようと思ったんだけど，言い方が乱暴だった

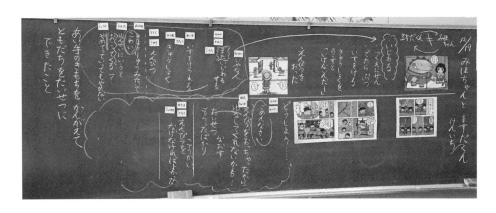

第7章　問題解決的な学習で創る道徳授業　実践例

ね。今度から優しく伝えるよ」などと言う。

授業後に，相手に上手に思いを伝えることを目標とした道徳的実践の週間を設定し，友達同士で相互評価し合う。

この授業は2つの教材を使い，役割演技もするため時間的に厳しいが，問題解決的な発問を中心に展開させると，十分時間内に収まる。

③「だれのをさきにしようかな」

規則尊重をテーマに「だれのをさきにしようかな」（文溪堂）を用いて高橋有津美教諭が開発・実践した授業を紹介したい。

〈教材の概要〉洋服屋をしているウサギのところに，最初にサルが注文にくる。次に意地悪なキツネがやってくる。最後に仲よしのコグマがやってきて，急いでつくってほしいと言ってきた。このお客さんたちの中で誰の洋服を先につくってあげるべきかでウサギが悩む。

ここで教師は「洋服屋のウサギは，誰の洋服からつくったらよいかな」と問いかけた。子どもたちはウサギがなかよしのコグマや意地悪なキツネの服を優先させたい気持ちに共感しつつも，「やっぱり順番が大切だ」「約束は守らなくちゃ」などと発表した。

次に，「自分だったら誰の洋服からつくるかな」と問いかけた。すると，「仲のよいコグマさんが急いでいるようなら，先につくってあげてもいい」「後でキツネに意地悪されないかな……」などといろいろ考えはじめた。教師は「もし自分が最初にきたサルの立場でもそうされていいかな」と尋ねた。すると，子どもたちは「サルは怒ると思う」「もう二度とウサギの店で洋服をつくらないと言うんじゃないかな」などと話し合った。

その後，洋服屋のウサギとお客のサル・キツネ・コグマで役割演技しながら，どうふるまうことが公平な行動かを確認した。

授業後は遊びや行列で順番を守ることが重視されるようになった。

小学校の低学年では，寓話でもその世界にひたって，問題の解決を自由に楽しく連想できるため大いに盛り上がるものである。ただし，留意すべき点

は，子どもたちの考える解決策が現実的で妥当なものから空想的で非道徳的なものまで多種多様であることである。それぞれの子どものアイデアを尊重しながらも，ねらいとする道徳的価値を踏まえ，子どもたち皆が心から納得できる解決策に絞っていくことが肝心である。

(3) 小学3年生

　小学校中学年になると，子どもたちは主体的に考え自律的に行動できるようになるが，一方でギャング・エイジと呼ばれるように乱暴な言動も増えてくる。人間関係でもぎすぎすして，ささいなことでケンカに発展することがある。従来の道徳授業では，「内面的資質」を育成することが目指されたため，直近の子どもの行動に資する指導は軽視されてきた。そのため，「友情」や「思いやり」をねらいとする道徳授業の直後でさえ，ケンカやいじめが起きることもあった。

　それに対して，問題解決的な学習では，子どもたちの現実生活で起こり得る問題に取り組み，思考や行動のよりよき変容を目指していく。

① 「心をかえる一言」

　まず，「心をかえる一言」（光村図書）を用いて三宅史郎教諭が実践した授業を紹介したい。

　〈教材の概要〉主人公の守がボールを持ってグラウンドに飛び出した時，隣のクラスから飛び出てきた太一とぶつかって膝をすりむいてしまう。守が「痛いな。どこ見てるんだ」と怒ったら，太一も「そっちが悪い」と言い争いになった。その2日後，守がまたボールを持って飛び出したら，他の男の子とぶつかった。今度の相手は「ごめん。だいじょうぶ？」と言ってボールを拾ってくれた。守も「うん，大丈夫。ごめん」と言った。

　2つの問題場面は似ているものの，一方では「相手が悪い」と互いに責めたてるため，嫌な気分になってしまうが，もう一方では互いに謝って思いやっているので，快い気分になれる。

そこで，教師は最初の問題場面を提示して，「この時，守は相手に何と言えばよいでしょう」と発問した。子どもたちは「どこ見てるんだ」「ごめんね」「大丈夫かい」「何も言わない」などと答えた。教師は「自分なら何と言うかな」とも尋ねた。すると，解決策を変えた子どもたちもいた。「僕も同じことがあって，謝らずに行った子に腹が立った」「まずケガがないか確認した方がいいよ」という意見も出た。

　その後，それぞれの答えが守と太一にどのような影響をもたらすかを考えた。お互いに相手が悪いと罵り合う場合と自分から詫びて相手に配慮し合う場合では，その後の結果がかなり違ってくることを確認した。

　こうした様々な解決策を全体で比較検討した上で，役割演技もしてみて，どのような言い方がTPOに合った望ましいものかを話し合った。

　終末では，教師が詩「一つの言葉」（谷川俊太郎）を読み上げた。言葉によってケンカにもなれば仲よしにもなれることをしんみりと実感して授業を終えた。

　こうした道徳授業で学んだ考えは日常生活における行動や習慣につながり，子どもたちの人間関係にもよい影響を及ぼしていく。

②「ぴょんたくんのゴール」

　「ぴょんたくんのゴール」（文渓堂）を用いて梶川匡士教諭が実践した授業を見てみよう。

　〈教材の概要〉足がはやいぴょんたくんは，マラソン大会で1等になるだろうと自他ともに認めていた。しかし，ぴょんたくんはレースの途中でころくんに抜かされると，やる気を失ってしまった。その後は，次々に追い抜かされるままになっていた。最後に，足の遅いりんこちゃんがあきらめずに走っているのを見た。

　最後の場面の前で教師は教材をカットして，「ここでぴょんたくんはどうしたらよいだろう」と問題解決的な発問をした。

　子どもたちからは，「もう走るのをやめたらいい」「このまま適当に走って

ゴールする」「りんこちゃんのように最後まで全力で走る」が出された。そこで、教師が「その結果どうなるだろう」と尋ねると、子どもたちは「走るのをやめたらもっと自分がつらくなる」「これからも途中で物事を投げだすようになる」「たとえ1番でなくても全力でやったら満足できる」と答えていた。

そうした話し合いで「勤勉・努力」の大切さを理解した後に、自分たちの生活を振り返り、最後までやりぬいた経験や途中で投げだしてしまった経験を話し合った。最後までしっかりやりぬけた経験は意外に少なく、途中で投げだしたことがたくさんあることに、多くの子どもたちが考えをめぐらせた。

終末では、「これからの生活をどのようにしていきたいか」を考えた。輝かしい成功だけを追い求めるのではなく、地味でも最後まできちんとやりぬくことの大切さを実感して、今後の目標とした。

最後に「やりぬきカード」を配布し、2週間の行動目標を立てて実践した。子どもたちは学習面や生活面で目標を立て、ねばり強く努力して達成した成果を自己評価していった。

このように道徳授業においては、子どもたちが人間関係や生活習慣を改善する手立てを具体的に考え、判断し、交流することが大事になる。道徳的内容を日常生活に関連づけ省察し応用することで、経験に裏打ちされた道徳性となるのである。

③「ロバを売りに行く親子」

次に、自立・節度をテーマに「ロバを売りに行く親子」（文溪堂）を用いて竹井秀文教諭が開発・実践した授業を紹介したい。

導入では、「先生、これから折り紙をつくるね」と言って鶴を折りはじめた。途中で折り方を忘れたので、子どもたちに鶴の折り方を尋ねたところ、

子どもたちはバラバラにいろいろなことを助言しはじめた。教師がそれらの意見をすべて聞いていたら，折り紙はグシャグシャになり失敗してしまった。「先生はどうしたらよかったんだろうね」と教師が尋ねると，「きちんと知っている人から教わった方がいい」「皆の意見をバラバラに聞いてはダメだよ」という意見が出た。

次に展開前段では，「ロバを売りに行く親子」を読み上げた。

〈教材の概要〉大事なロバを売りに行く親子が通行人からいろいろな助言を受ける。「ロバを連れているなら，乗って行けばよい」と言われて息子をロバに乗せる。次の通行人から「元気な息子が乗るなんて」と言われ，父親が乗ることにする。次の通行人には「一緒に乗ればいい」と助言される。最後の通行人から，「ロバがかわいそうだ」と言われて，ロバを棒にしばって2人でかついで歩いた。すると，川の上でロバが暴れだして，川に落ちて流されてしまった。

この話を読んだ後に，教師は「この親子はどうすればよかっただろう」と問いかけた。「誰の意見も聞かない」「ロバをかつがない」「ロバに親子が順番に乗ればいい」などの意見が出た。他人の意見を尊重して参考にしながらも，自分たちなりに節度のある行動をすべきだということを話し合った。ここに至って子どもたちは導入で行った折り紙の意味もわかってきた。

この道徳授業後に行われた特別活動では，グループ学習を行い，多くの情報を自分たちなりに収集し，主体的に考え判断しまとめて発表していく姿が見られた。

(4) 小学4年生

① 「ドッジボール」

小学4年生の子どもたちは善悪の判断はつくが，強い立場の子どもに同調しやすいところがある。そこで，誰にでも正しいと思うことを伝えられる勇気の大切さを理解させようと，教材「ドッジボール」（東京書籍）を用いて市山美代子教諭が道徳授業を開発・実践した。

〈教材の概要〉ドッジボールの試合で，いく子は一郎に当てたが，一郎は「当たっていない」と言いはる。明は当たったのを見ていたが，一郎が怖くて何も言えなかった。周りの友達も一郎に味方した。いく子が寂しそうにしている時，明は一郎に同意を求められた。

ここでの道徳的問題は，本当はアウトだと思いながらも，一郎や周りの友達を気にしてそれを言い出せない点にある。そこで，教師は「自分が主人公の明だったらどうするだろう」と尋ねた。

子どもたちは「セーフだと言う」「アウトだと言う」「わからないと言う」などの意見に分かれた。教師はそれぞれの意見の理由を聞きながら，「その結果どうなるか」も尋ねた。

すると「嘘をついたら，いく子を傷つけるし，心がモヤモヤする」「本当のことを言ったら，一郎にどう言われるか心配だし，他の友達のことも気になる」「よくわからないと言って逃げるのはずるい」などの意見が出た。

そこで，教師は「自分がいく子だったら，それでもいいかな」と問いかけた。すると，実際にそうした経験のある子どもから「正しいことなら勇気をもって言ってほしい。弱い人の気持ちも感じてほしい」「ここでうじうじしていると，男らしくない」という意見が出て，少しずつ共感の輪が広がった。

その後，教師は「今までの生活で勇気を出すことができてよかったという経験がありますか」と尋ねた。すると「注意をして気づいてもらえた」「困っている人に声をかけることができた」という意見が出た。こうした子どもたちの勇気についての成功体験を出し合うことで，教材の問題でも「やっぱり正しいことを伝えるべきだ」という結論に達することができた。

最後に日常生活において「これから1週間，どんな勇気をもてるようにがんばりたいか」を書いて実践し，相互に評価し合うことにした。

② 「友だち」

小学4年生の子どもたちは日常生活で仲のよい友達をもつが，自分の利害や固定的な友達関係にとらわれることがある。そこで互いを認め合い信頼感

や友情を育て，交友関係を広めるよさに気づかせようと竹本訓子教諭が教材「友だち」（教育出版）を用いて問題解決型の授業を開発・実践した。

〈教材の概要〉みつ子はえりと仲よしで，いつものように昼休みに遊びに誘うと，「ひろ子とも一緒に遊ぼう」と言われる。みつ子はそれを断って立ち去った。帰宅したみつ子は祖母から仲のよい同窓会の話を聞く。みつ子は翌日，学校へ行ったら，えりに何と声をかけようかと考える。

導入では「友達とはどんな人か」について考え，日常生活における友達関係を振り返った。「一緒に仲よく遊ぶ人」「何でも心から話せる人」「困った時に助けてくれる人」などの意見が出た。

次に，教材を読んで「みつ子さんの立場ならどうしますか」と尋ねた。すると，「えりに謝らず，独りでいる」「えりに謝って，ひろ子とも一緒に遊ぶ」「えりに謝るが，ひろ子とは遊ばない」などの意見が出た。そこで，教師が「その結果どうなるかな」と尋ねると，「これからもずっと独りじゃ寂しくなる」「えりに嫌われたままでは困る」「ひろ子とも遊んだらよいところが見つかるかも」などの意見が出た。

さらに，教師が「自分がひろ子の立場ならどんな気持ちになるかな」と尋ねると，「自分とも一緒に遊んでほしい」「すぐ嫌われたら悲しくなる。自分のこともわかってほしい」「3人で遊んだ方が面白いし楽しいこともたくさんある」などの意見も出た。

ここで2人1組になって「みつ子」と「えり」の役になり，「よりよい友達づくりをするためにはどうすればよいか」について役割演技した。子どもたちはみつ子だけでなく，えりやひろ子の立場も考えながら演技していた。代表として教室の前に出て実演した子どもは次のように語り合った。

みつ子「昨日は先に帰ってごめんね」
えり　「ううん，怒ったかと思って心配してたのよ」
みつ子「私，ひろ子さんのことあまり知らないから少しとまどったの」
えり　「そうなんだ。みつ子さんにひろ子さんを紹介しようかと思ったの。とっても面白い人よ」

みつ子「ひろ子さんにもよいところがいっぱいあるよね。今度から皆で一緒
　　　　に遊びましょう」
えり　　「そうね」

　終末では，教師が今でも小学校の同窓会をやっていることを話した。小学校の時に仲のよかった友達は一生の友達となるものだとしみじみ語った。
　事後指導では，友達について「きらきらハート・カード」に記入する活動を１週間行い，毎日の振り返りを帰りの会で行った。こうした友達のよさを見つける活動を通して交友関係が広がり，他者を思いやる姿が増えるのを確認することができた。

(5) 小学５年生

　「いくら道徳授業をやっても，子どもの道徳的実践力が高まらない」という嘆きをよく聞く。確かに，子どもの生活経験とかけ離れた道徳的な話を読み聞かせてみても，なかなか効果は出にくいものである。
　わが国の道徳授業の特徴は，読み物教材に登場する主人公の気持ちを共感的に理解するところにある。例えば，「イチロー選手はどんな気持ちで練習をがんばったか」「大リーグで活躍した時，どんな気持ちだったか」などと尋ねる。その後，子どもの生活経験を振り返るが，イチロー選手のように立派ではない自分の弱さを反省して終わることが多い。
　一方，アメリカの人格教育では，いかに道徳的価値を獲得するかに重点を置いている。例えば，「マイケル・ジョーダンは成功するために，いかに忍耐したか」「忍耐が身についたらどんなよいことがあるか」「忍耐が人生の成功でいかに必要か」と尋ねる。こうして子どもは道徳的価値の意義を理解し，それを体得しようと意欲を高めていくのである。こうした子どもの日常生活に結びつける道徳授業を展開する上で，問題解決的な学習は小学校高学年でも有効である。

① 「ベンジャミン・フランクリン」

　ベンジャミン・フランクリンの自伝を用いて大蔵純子教諭が開発・実践した授業を紹介したい。

　まず, 導入ではアメリカの100ドル紙幣を見せて, 「この肖像画は誰でしょう」と尋ねる。ここでフランクリンの名前を確認し, 政治家や科学者として活躍して「アメリカ建国の父」とも呼ばれる偉人であることを伝える。

　次に, 「彼は幼い頃どんな生活を送っていただろう」と尋ねる。子どもたちはアメリカの偉人なのだから, どうせ裕福で恵まれた幼少期を過ごしてきたのだろうと予想する。

　展開前段では, フランクリンの自伝から抜粋した教材を提示する。実は, フランクリンは家が貧しくて学校もろくに行けず, 10歳から働きに出ていたことを紹介する。そこで, 子どもたちに「なぜフランクリンはこうした環境でも成功できたのだろう」と問いかける。子どもたちは「運がよかったから」「誰かが助けてくれたから」「たくさんがんばったから」などと答える。

　教材の続きを読むと, フランクリンがこのままの自分で終わらないために, 1日のタイム・スケジュールを立て, それを忠実に守って仕事にも勉強にも励んだことを知る。こうしたフランクリンの少年期を振り返ることで, よい習慣をもつと恵まれない環境や悪条件も克服でき, 人生を充実させることができることを実感し合う。

　展開後段では, 子どもたちの生活経験を振り返り, 「どうすればフランク

リンのようによい習慣を身につけられるだろう」と問いかける。子どもたちは「自分の生活を振り返って，計画的に行動する」「その日や週の予定をきめてしっかりやる」など，生活習慣をよりよくするための行動目標を考えた。具体的には，「野球の練習前に宿題を終わらせるように計画する」「朝食前に読書タイムを設定して習慣にする」などという意見が発表された。

終末では教師自身もノートに当日の予定や週の予定，年間予定を記して努力している様子を紹介する。「スケジュールを立てて安心せず，一緒にがんばろう」と呼びかけて授業を終えている。

授業後に，実際にその行動目標を達成するために努力を続け，2週間後に振り返ってみた。そして，自分たちができているところを認め励まし合うとともに，不十分なところの改善に努めた。このように道徳的な話をただ聞いて過去を反省するだけでなく，そこに含まれる道徳的価値の意義を理解して，将来の行動や習慣に生かすことで，道徳的実践力は確実に身につくのである。

② 「多かったおつり」

小学5年生の子どもたちは，学校生活では問題行動が見られなくても，人が見ていなければルールをやぶってしまうこともある。そこで，人間の弱さを認めた上で，良心に従って誠実に生きようとすることの潔さ・清々しさに気づかせようと，八島恵美教諭は教材「多かったおつり」（大阪書籍）を一部改作して問題解決型の道徳授業を開発・実践している。

〈教材の概要〉和子はクマのぬいぐるみを買うためにおこづかいをためて，おもちゃ屋に行った。レジで1800円のぬいぐるみに2000円を差し出すと，店のおばあさんは間違って500円のおつりをくれた。それを家で話すと，母は「おつりが多すぎたなら返すべきでしょ」と言った。兄は「自分がごまかしたわけではないからいいよ」と言った。和子も「お店の人が間違えるのが悪いんでしょ」と言った。

授業の導入では，子どもたちの「得をした体験」を振り返った。「自動販売機で1個買ったら2個出てきた」などの体験談が発表された。

次に，教材を読んだ後，教師は「和子さんは悪いことをしたのでしょうか」と尋ねた。子どもたちは「悪いことはしていない」「おばあさんが間違えただけ」「でも少しは悪い」などと答えた。そこで，教師が「この後の和子さんの行動として，どんなことが考えられますか」と尋ねると，「そのまま自分のものにする」「次からは言うようにする」「すぐに500円を返しに行く」などの意見が出た。

そこで，和子とおばあさんの立場でそれぞれの解決策を吟味した。子どもたちは「黙っていれば和子は得をするけど，何だかいつまでも気持ち悪い」「おばあさんはがんばって働いているのに，損をしてかわいそう」「次から正直に言うというのはずるいと思う」「おばあさんも後で計算して，損した原因がわからず困る」などと述べた。

中には「500円を返すと和子が損する」という意見もあった。それに対して，「おばあさんが苦労して働いたお金だから，やはりきちんと返すべきだ」「もともと和子のお金ではないのだから，損したことにはならない」「きちんと返せば，気持ちが晴れ晴れする」という意見が大勢を占めた。

ここで教師は「どうして500円を返すと晴れ晴れした気持ちになるのかな」と尋ねた。すると，「自分が正しいと思うことができたから」「正直に行動できたから，心の天気が晴れあがる」と答えていた。

終末では，ずるいことをして手に入れた得は，「本当の得」ではないことを確認し，良心に従って正直に行動することが，長い目で人生には大切であることを説話した。

この後1週間を「良心に従う」実践期間と設定して実践するとともに，メディアが伝える汚職問題を紹介し，「将来，自分はどう生きるべきか」を考えられるようにした。

(6) 小学6年生

①「今，図書館で」

子どもたちは日常生活において様々な道徳的問題に対面し，どう解決する

かを思い悩み，時には他者と協働しながら対応していく。特に小学校高学年にもなると，子どもたちは視野が広がってきて公共的な問題をも道徳的問題として受けとめるようになる。例えば，「休み時間の校庭をどう使うか」「図書室の本がなくなるのをどうするか」「安心で安全な学校をどう創るか」などである。

　こうしたテーマは学級活動や児童会活動として扱うこともできるが，そこでは現実的なルールを確認し合うだけで終わることもある。例えば，「曜日ごとに順番で校庭を使用する」「図書館の本は盗まない」「いじめをしない」などが当然のごとく提案される。それらを実行すれば「道徳的実践」になるが，それだけでは永続的に「生きて働く道徳性」にはならない。

　こうしたテーマを考えるために，三宅史郎教諭は自作教材「今，図書館で」を用いて小学6年生で問題解決型の道徳授業を開発・実践した。

　まず導入部では，教師が「皆で使うものにはどんなものがあるか」と問いかけた。例えば，ボール，本，校庭，教室などが子どもたちから出てくる。

　次に，「それらをどんなふうに扱っているか」と問いかけた。すると，子どもたちからは「皆で使うものだから大事に扱っている」という意見と，「自分のではないと，いいかげんに扱うこともある」という意見があった。

　展開部では，皆で使う図書館の本が紛失している事実を伝える報告書を読む。ある図書館員の話では，年間で本が4000冊も行方不明になっているという。その他，本を返却しなかったり，ページを切りとったり，落書きしたり，汚したりする事例もあった。

　ここで一般的な問題解決的な学習だと，「利用者の立場になって図書館の本をどう使えばよいか」を話し合うことになるだろう。しかし，三宅

教諭はあえて「図書館員はどうしたらよいだろう」と発問した。子どもたちは少しとまどったようだったが、話し合いはすぐ活発になった。

この問題に対する解決策は、A案「図書館が管理を強める」とB案「利用者が義務を果たす」の2つに大別された。A案の方では利用者を信用せず、「警備員を立たせる」「防犯カメラやブザーをとりつける」「罰則を重くする」などが提案された。その場合、盗難は減るかもしれないが、その費用や罰則をどうするかが課題となった。

一方、B案の方では、利用者の良心に訴え、「図書館のルールやマナーを守るよう呼びかける」「図書館の現状を知ってもらう」などが提案された。

ここで教師は「そもそも図書館は何のためにあるか」という根本的な問いを発した。すると子どもたちは「図書館がないと情報や知識を無料で手に入れられない」「貧富の差に関係なく誰もが本を読めることで、平等な社会になる」と発言し、図書館の存在意義や社会的役割まで認識するに至った。

この授業で、子どもたちは道徳的問題を単に私利私欲で判断するのではなく、他者の立場や社会の見地も含めて総合的に判断できるようになった。こうして公共性の自覚を深めることで、自己の生き方を他者や共同体と関連づけ、より高次の社会的生活を追求するようになるのである。

② 「のりづけされた詩」

小学6年生の子どもたちは社会の仕組みや人間関係について認識を深め、他者の不誠実な言動を批判するが、時に自分も誠実な生き方ができないことがある。そこで自他に誠実であることが自分の成長につながり、心豊かな生活を送ることができるようになることに気づかせようと、上岡広正教諭は資料「のりづけされた詩」（学研）を改作して問題解決型の道徳授業を開発した。

〈教材の概要〉和枝は学級文集に詩を載せることになったが、なかなかよい詩が浮かばない。そんな時、本棚にあった本に自分が書こうとしている内容とぴったりの詩を見つけ、その詩の題名と出だしの2行を自分の詩にして

しまう。文集が印刷された時，和枝は悩んだ末，担任の先生にうちあける。でき上がった文集の和枝のページには別の詩が1枚1枚のりづけされていた。

　導入では，「正直に話せる時」と「正直に話せない時」について語り合った。子どもたちは「簡単なことなら正直に話せる」「相手が優しい人だと何でも話せる」「わざとではない場合は，正直に話せないことがある」などと話し合った。

　次に，展開では教材の前半を読んで，「和枝は何を悩んでいるのでしょう」と問いかけ，和枝の葛藤状況を理解した。次に，「自分が和枝なら，自分のやったことを話しますか」と尋ねた。すると，「話す」と「話さない」に大きく分かれた。話す理由としては，「ずっと気になるから」「後悔するから」「気持ちがすっきりしないから」であり，「話さない理由」としては「先生からの信用をなくすから」「言い出す勇気が出ないから」であった。

　ここで教師は，「話すなら，誰に話しますか」と尋ねた。すると友達が多く，次に家族で，先生の順であった。教師が「なぜその人を選びましたか」と尋ねると，「友達ならわかってもらえそうだから」「先生だと叱られそうだから」などが出た。

　その後で教材の後半を読んで，自分が和枝の立場なら何と言えばよいかをワークシートに書き込み，ペアで役割演技を行った。ある子どもは「私は詩を一生懸命に考えたのですが，はじめの2行がうまくできなくて，人の詩をまねしました」と述べた。その演技の後で感想を尋ねると，「正直に言えてすっきりした」と答え，ペアの相手は「ごまかさずにきちんと言えてすごいと思った」と述べた。

　終末では，教師が「なぜ嘘やごまかしはいけないのでしょうか」と率直に尋ねた。すると，子どもたちは「人の信頼をなくして，友達をなくすから」「自分をごまかすことになり，心がモヤモヤするから」「堂々と胸をはって生きていけなくなるから」などと答えていた。そこで，教師は嘘やごまかしをせずに，正直に生きることが心を晴れやかにし，みんなの成長にもつながることを説話して終わった。

授業後には「自分にも人にも正直に生活する」ために考えた行動目標を子どもたち一人ひとりがカードに記入し，1週間後にその行動をスケーリングで自己評価した。子どもたちは自分たちの生活で正直な行動を意識するようになり，1週間後にお互いにその言動を認め合うような振り返りの会を特別活動の時間に行った。

(7) 韓国の道徳授業

道徳教育を充実させたいという思いは，万国共通である。筆者は2014年10月上旬に韓国のソウル教育大学附属初等学校を訪問して授業参観してきた。ここでは，番外編として韓国の道徳授業を紹介することにしたい。

韓国では1973年から道徳が教科化され，検定教科書や専門免許や数値評価も導入されている。1997年に改訂された教育課程では，アメリカの人格教育を取り入れて道徳性の認知的，情意的，行動的側面を総合的に育成するようにし，2007年に改訂された教育課程では，今日的課題（いじめ，情報モラル，環境倫理など）を道徳授業に取り入れている。こうした改革を経て，韓国の道徳授業は先進的で斬新な取り組みをしている。

筆者が参観したのは，「自主」をテーマとした小学3年生の道徳授業であった。韓国では，1学年で8つの道徳的価値を選び，それぞれ4回連続で授業を組んでいる。1回目の授業では，教材を読んで「自主とは何か」を考える。教材では，「宿題大将」と呼ばれていたユミンが，実は母親にいつも手伝ってもらっており，母親がいないと何もできないことが発覚する。そこで，「ユミンはどうすればよいか」を問題解決的な学習で話し合った。

筆者が参観した2回目の授業の資料では，何でも自主的に判断するようになったユミンが，今度は電子ゲームを毎日3時間やることにきめた。この場

面を3人の子どもたちが役割演技をし，何が問題になっているかを共通認識した。

次に，ユミンの意見を賛成派と反対派に分かれて論争をした。賛成派は，「子どもは間違いながら自主性を身につけるものだ」と主張し，一方の反対派は，「子どもは間違うのだから，親や先生の意見を聞いた上で判断した方が安全だ」と言う。前列3人，後列3人の6人グループで作戦会議を開き，対戦グループと盛んに論争しては，定期的に前列と後列が交替して発表し合い議論を深めていく。この他に，論争で誰がどれくらい貢献したかを判断する傍聴団，論争の勝負を冷静に見極める判定団，そして双方に知恵や助言を提供するソロモン団がいる。最後に，再び役割演技を行い，この授業で学んだ内容を生かして納得できる解決策を提示した。3回目の授業では，自主的な生活を妨害している悪癖を見出し，自主的な生活態度を養うためにどう対処すればよいかを話し合う。4回目の授業では，「自主」にかかわる実際的な生活場面を設定して，「こんな時どうすべきか」について具体的な行動を提案し，それを実習して道徳的実践力を育成する。

このように韓国の道徳授業では，小学3年生であっても問題解決的な学習を積極的に取り入れ，活発な話し合い活動や書く活動を行い，道徳性の認知的，情意的，行動的側面を総合的に育成する。これくらい系統的に徹底して道徳授業を行えば，道徳的な行為や習慣につながり，実効性も高まることだろう。

わが国でもこうした諸外国の先進的な取り組みを参考にして道徳授業の改革を進めるべきだろう。

2 中学校での実践例

　本節では，中学校における授業実践を学年ごとに紹介する。中学生になると道徳的問題にも関心が高くなり，より多角的かつ総合的に判断し，人間としての生き方を深く吟味できるようになる。

　中学校での授業実践のポイントとしては，わかりきったことを聞いたり書かせたりしないで，できるだけ本気で切実に考えられる問題を率直に問いかけることである。様々な解決策を多面的・多角的に考え，議論し合い，客観的な状況判断や因果関係の考察を踏まえ，社会的認識や人間性の洞察を深めていくようにすることが肝心である。

（1）中学1年生

　中学生にもなると，道徳の問題はより複雑で対応に困るものが多い。例えば，悪事を目撃した場合でも，相手や状況によっては対応に躊躇するものである。今日，生徒の規範意識の低下や人間関係の希薄化が指摘されるが，単に「正義感をもて」「みんな仲よくせよ」と生徒指導するだけでは効果がなかなか上がらないものである。このテーマに土井智文教諭が中学1年生で取り組んだ3回シリーズの授業実践を紹介したい。

①「渡良瀬川の鉱毒」

　1回目の授業では，規範意識や公正・公平・社会正義を考えるために，教材「渡良瀬川の鉱毒」（東京書籍）を取り上げた。

　冒頭では田中正造が天皇に直訴しているイラストを示して，「これは何をやっているところだと思いますか」と尋ねた。生徒たちは興味津々にそのイラストを見つめ，「何かお願いごとをしているのではないか」「警察がいるから，悪いことをしているのでないか」と予想した。歴史の得意な生徒が「こ

れは田中正造だ」と答えた。教師は歴史的背景を簡単に説明して,「なぜこうした直訴をしたのだろう」と尋ね,生徒に問題意識をもたせて教材を読みはじめた。

　生徒たちは,まず鉱毒で苦しむ住民を救うために当時の政府や企業と戦った田中正造のすさまじい生き方を共感的に理解して称賛した。そこで,教師は「自分がこの時代に生まれていたら,田中正造のように主張できただろうか」と問いかけた。生徒たちは「とても田中正造のようには強く主張できない」「はやく村から逃げだした方がよいのではないか」とも答えていたが,一方で「正しいことは最後まで主張し続けた方がいい」「自分たちも正義を貫くような生き方をしたい」と語り合った。

　終末では,生徒は自分たちの日常生活に結びつけながら,社会正義の実現のために自分たちにもできることをやりたいと語っていた。田中正造のように堂々と主張できなかった過去の自分を反省する生徒もいた。また,福島の原発問題に関連づけて,社会の在り方を考える生徒もいた。教師は生徒たちそれぞれの学びを認めながら,規範意識の大切さに結びつけて授業を終えた。

　こうした授業で生徒は道徳的問題を多角的に考えることはできたが,偉人と生徒たちでは時代的,政治的,生活的にギャップが大きいため,すぐにロールモデルにはできないという課題が残った。

② 「健二の迷い」

　2回目の授業では,規範意識を身近な話題で扱うために,葛藤教材「健二の迷い」（明治図書）を用いた問題解決型の道徳授業を開発・実践した。

　導入では,学校生活において友達のよさを認めたり,あやまちを指摘したりできているだろうかと問いかけた。生徒たちは互いのよさを認めてほめ合うことは簡単にできるが,相手のあやまちをきちんと指摘することは難しいことを話し合った。

　教材の内容は,友達に数学の勉強を教えてもらっていた主人公が,テスト当日にその友達がカンニングする場面を見てしまうという話である。そこで,

世話になった友達のカンニングを先生に言うべきか言わないべきかで議論することにした。

一般的にはカンニングがあった場合，正直に先生に報告すべきであろうが，世話になった友達の悪行をそのまま告げ口するのも心苦しいものがある。生徒たちは思い悩みながらも，「そのままにしていたら，ずっとカンニングをし続けるようになるのではないか」「本当の友達なら本人にそのあやまちを指摘して説得した上で，先生にも相談して今後そうした行為がないようにする手立てをとるべきだ」と結論づけた。

ただし，「今後の生活で同じようなことがあれば，自分もそうするか」と聞かれると難色を示す生徒もいた。

終末では，日常生活でもよりよい学校生活を求めて，お互いに声をかけ合おうということで話をまとめた。実際，授業後には生徒たちが自主的に「授業を静かに聞こう」「もっと手を挙げて発表しよう」などと声をかけ合う姿が見られた。

③「掃除の時間」

3回目の授業では，道徳性の行動的側面を養うために，日常生活に即した自作教材を用いた道徳授業を開発・実践した。

導入では，教師が朝，バス停で並んでいると，ある大学生が友達を見つけて列に割り込んできた場面を紹介した。「きちんと並んでいる人がいるのに割り込むのは失礼だよね」という生徒の言葉に，他の生徒たちも同意していた。

次に，展開部ではワークシートを配って，「隣の人が自分の消しゴムを勝手に使った場合どうするか」「掃除の時間に怠けて遊んでいる生徒にどう注

意するか」について考えることにした。

こうした問題場面で、頭ごなしに「人の消しゴムを勝手に使うな」「掃除をちゃんとやれ」と相手を注意すれば、相手も気分を害して人間関係が悪化するかもしれない。だからといって何も言わずに見すごしていれば、そうした悪事が今後もはびこるかもしれない。

そこで、相手を尊重しながらも自分の考えを的確に伝えるアサーションの方法をいろいろ考えた。「消しゴムを借りたいのなら、一言いってから使えばいいだろう」「皆で使う場所なんだから、しっかり掃除しようよ」。そしてペアになって複数の解決策を役割演技して、最善策はどれかを考え発表し合った。「それじゃ弱すぎるよ」「そんな感じだと、きつすぎて嫌がられるよ」「もっとはっきり言った方が伝わるよ」などと助言し合う姿も見られた。

こうした規範意識の育成を目指す授業を行うと、生徒も日常生活で意識するようになり、授業中や学級活動でもお互いにさわやかな自己主張をし合うようになり、望ましい言動を心がけるようになっていった。

(2) 中学2年生

①「バレなければ何をやってもいい」

中学生は法やきまりの大切さは理解しているものの、時として誰にも見られていないと勝手気ままにふるまうことがある。そこで、柳原大二教諭は、中学生に法やきまりを守ることの意義を考えさせ、それらを守らないと他者に被害を与えたり迷惑をかけたりするとともに、自らも信用を失うことに気づかせ、秩序と規律ある社会を築くことの大切さを理解させたいと考え、「バレなければ何をやってもいい」(『中学校道徳「自作資料集」』、明治図書)を取り上げて、問題解決型の道徳授業を開発した。

導入では、「偽装にかかわる新聞記事」として、吉兆や丸亀の食品表示偽装問題、ビルやマンションの耐震偽装問題、大日本インキの環境表示偽装問題などを取り上げた。こうした現在の偽装問題から社会認識を深め、法やきまりの意義に意識を向けた。

〈教材の概要〉ある日，母親が食卓に鹿児島県産の黒豚トンカツを自慢げに食卓に出すと，姉は鹿児島県産のものの総生産量より総販売量の方が多いことや販売者が勝手に賞味期限をきめることを指摘した。その時，ニュースで偽装表示について報道した。父が「バレないようにうまくやればいいのに」と言うと，母は「バレなければ何をやってもいいの」と問い返した。父は「商売だからしかたがない」と答えた。その会話を聞いて，主人公の僕は考え込んだ。

この教材の中の道徳的問題は，父親のように商売の利益を優先させるのか，それとも母親のように生産者の義務や消費者との信頼関係を優先させるのか，で迷うところである。そこで，教師が「生産者はどうあるべきか」を問いかけた。すると，生徒たちは「商売の利益も大事だが，それよりも生産者としての義務を守って，食の安全を確保すべきだ」「そうしないと消費者から信用されなくなり，営業ができなくなる」などと話し合った。

展開後段では，シミュレーションとして，次の教材を提示した。ある急行列車の中で，特急券を買っていない客が乗務員と口論となった。「どうせ空いているのだから，弁当を食べる時だけ座らせてくれ。誰かきたら席を空けるから」。しかし，車掌は「他のお客様も料金を払っているので，それはできません」と言った。教師はこの問題場面を見てどう思うかと生徒に尋ねた。生徒たちは，公共の場では法やルールを守らなければ，他者に迷惑がかかり，社会秩序が混乱するため，人間として責任ある行為をすべきだと語り合った。

②「ドナーカード」

道徳や倫理にかかわる諸問題には，簡単には答えが見つからないものが多い。特に，脳死問題や出生前診断の問題など今日的課題については，一度の道徳授業では判断がつかない場合も多い。それでも，生徒たちはそうした道徳的問題に取り組むと，真剣なまなざしで切実な想いで考え議論するものである。

授業の導入で，生徒たちはまず「ドナーカードとは何か」を理解し，「自

分はドナーカードをどう書くか」について考えた。ここではドナーカードに臓器提供の意思表示をするよう求めるのではなく，脳死の状態や心肺停止の状態，臓器移植やドナーカードについて一般的なことを理解をした。そして，「自分ならどうするか」「自分の家族ならどうするか」を想像してみる。

　次に，教材「ドナーカード」を配布する。教材の概要は，「ドナーカードを書いていたご主人が交通事故で脳死状態になった場合，残された妻はどうしたらよいか」という問題である。臓器移植を希望する家族としては，すぐにでもご主人の意思表示に従ってほしいが，一方の遺族としてはまだ気持ちの整理がつかないため，臓器提供をためらってしまう。

　ここでも生徒たちは「死とは何か」「生きるとは何か」を話し合い，「自分が夫の立場なら，意思を尊重して臓器提供してほしい」という意見が出た。それに対して，「まだ体もあたたかいので，愛する夫の体から臓器を取り出さないでほしいという妻の気持ちもわかる」と言う意見も出る。黒板に自分のネームプレートを貼って，それぞれの生徒が自分の立ち位置を発表し合った。

　生徒は事前にドナーカードについて各自で調査しており，それぞれの解決策の長所や短所を検討していった。臓器移植で助かった人たちの感謝の手記を読み上げたり，臓器移植をしても拒絶反応が出て失敗した例を発表したりした。結論はなかなか出なかったが，生徒たちの熱心な取り組みとあくなき探究は授業後もずっと続いていった。

③「いじめ問題」

　今日，学校でのいじめは深刻化しており，特に中学校では繰り返し悲惨な事件が起きている。2011年10月に起きた滋賀県大津市の中学2年生いじめ自殺事件は社会問題化し，教育再生実行会議でもいじめ問題等に対応する道徳教育の充実を求め，道徳の教科化に発展した。岐阜県可児市では，2012年10月に「子どものいじめの防止に関する条例」を施行し，筆者は同市の教育委員会に協力して，いじめ防止の道徳授業を開発・実践してきた。

可児市立広陵中学校では，生徒会の主催で年2回の全校道徳を企画することにした。まず，いじめに関するアンケート調査を行うと，深刻ではないが悪口，からかい，落書き，ネット・トラブルなどがあることがわかった。そこで，1回目の授業では学級委員の生徒が司会をして，可児市の「いじめ防止パンフレット」を参考にしながら，「いじめとは何か」を話し合った。さきいな悪口やいたずらなどもいじめに発展する可能性があることを理解し，被害者側の受けとめに注目する必要があることを了解した。

　その後，いじめの構造には，被害者，加害者の他に，観衆や傍観者がいることを理解した。授業の後半では，ある友達がクラス対抗の長なわとび大会で失敗していじめられている場合を想定し，「自分がその場にいたらどうするか」について話し合った。具体的には，「とめに入る」「皆でやめるように注意する」「先生や親に相談する」「電話やメールで市の担当者に相談する」など多様な提案をし合った。最後に，各自の願いを短冊にして各学級にかざり，いじめや暴言をなくすキャンペーンを1週間行って，その効果を事後アンケートで確認した。

　生徒会は2回目の全校道徳を同年12月はじめに企画した。アンケート調査を再び行って前期からの変容を確認すると，普段の人間関係でもいじめに近いことがあることがわかった。そこで，一例として授業がはじまる前に立ち歩いて騒いでいる生徒に注意したところ，逆ギレされたケースについての問題解決的な学習をした。単に注意しても相手は「少しくらい騒いだっていいだろう」「お前の言うことなんか聞くか」と言い返す。それに対する対処法として，相手の考えや立場も尊重しながら，「学級全体の迷惑になるからやめてほしい」と求めたり，先生や他の生徒たちとともに呼びかけたりして，丁寧に毅然とした態度で注意すべきだという意見が出た。

　こうした話し合いを4人1組で行った後に，様々な解決策を役割演技で行い，学級全体で再び比較検討した（写真参照）。最後に，いじめをなくし互いに尊重し合うスローガンを学級ごとにきめ，1週間のキャンペーンを行い，その効果をアンケート調査で検証した。

このように，いじめのような現実問題に対応する道徳授業では，調査にもとづいて問題解決的な学習を行い，その効果を検証して継続的に行うことが大事になる。その意味で，事後の学級活動や生徒指導とも結びつけて，長期的・大局的に行為や習慣を指導し，安心・安全な学級・学校文化を協働して創っていきたいものである。

(3) 中学3年生

①「二通の手紙」

　義務教育の最終段階として，社会の法やきまりを考えさせるために教材「二通の手紙」を扱うこともできる。『私たちの道徳　中学校』の教師用指導書でも従来の指導方法だけでなく，問題解決型の指導方法が紹介されている。ここでは丹羽紀一教諭が開発・実践した授業展開を提示したい。

　導入では，「社会の法やきまりにはどんなものがあるか」を尋ねる。生徒は「校則，友達との約束，憲法，条例」などと答える。次に，「そうした法やきまりを，窮屈に感じることはないか」尋ねる。「法やきまりは大事なものだから守るべきだ」という意見も出るが，「場合によっては法やきまりを守る必要はない」という意見も出る。そこで，「法やきまりは何のためにあるのだろう」と問いかけて，教材「二通の手紙」を読む。

　〈教材の概要〉元さんが動物園の入り口を閉めようとしていると，幼い女の子が弟の手を引いて「入れてくれ」と頼んだ。元さんは「もう終わりだよ。それに子どもは家の人が一緒じゃないと入れないよ」と言った。その女の子は今にも泣きださんばかりで，「でも，今日は弟の誕生日だから，キリンやゾウを見せてあげたかったのに……」と言った。元さんは「じゃ今日だけ特別に入れてあげよう。そのかわりなるべくはやく戻るんだよ」と言った。し

かし，閉門の5時を過ぎても戻ってこなかったため，職員をあげていっせいに子どもの捜索をはじめ，1時間後に園内の池で遊んでいる2人を発見した。数日後，元さん宛てに姉弟の母親から感謝の手紙が届いた。その家族は父親が病気で母親が働きづめのため，姉が弟の誕生日に動物
園に弟を連れていったのだという。その後，元さんは上司から呼び出され，懲戒処分の通告の手紙を渡された。時間の都合で，資料は簡略化した形で示した。

　この教材を読んで，「処分されるのが嫌なら，従順にルールを守れ」と教えるようであれば，生徒は嫌な顔をするだけであろう。そこで，「元さんはどうすればよかっただろう」と問いかけることにした。

　生徒からは「弟を思う姉の気持ちを理解して，入れてあげるべきだ」「母親も大変なのだから，家庭の事情も察して，入園させてよかったと思う」などという意見も出る。それに対して，「そういうことは職務違反になるし，後で上司から厳しく叱責されるかもしれない」「解雇されたら，明日からの生活はどうするのか」「姉弟を入れてあげたら，他の客も入れてあげなければならなくなる」という意見も出る。第3の解決策として，「元さんが子どもたちと一緒についていってあげればよかった」「キリンやゾウの写真でもあげればよかった」という意見も出る。

　話し合いの中で「職務を遵守するだけでなく，姉弟に対する思いやりが大事だ」という意見に傾いた時，「それでも，姉弟だけで入園させたら，動物にかまれたり，池に落ちたりすることもあって危険だよ。動物園のルールはそうした入園者のことも考えてつくられているのではないか」と考え合った。そこで，生徒たちが納得し合ったところで話し合いを終えた。

　最後に，NHKのEテレの「ココロ部！」で放送された「おくれてきた

客」を取り上げた。この映像教材は、おじいさんとの思い出がある絵を見るために、おばあさんが娘に連れられて絵画展にやってきたが、閉館時間を過ぎていたため、入館できなかったという話である。生徒たちは「二通の手紙」を思い出しながら、条件設定の変わった「おくれてきた客」では「どうすればよいか」を再び考えだしていた。

②「缶コーヒー」

　身近な公共的問題を取り上げ、マナーやエチケットなどを考えることもできる。青山香都子教諭は、「缶コーヒー」（東京書籍）を用いて公徳心（公衆マナー）を話し合い、役割演技を取り入れた問題解決型の道徳授業を開発・実践した。

　生徒一人ひとりが自分も社会の一員であるという自覚を深め、自他への配慮と思いやりをもち、社会生活の中で守るべき正しい行動の仕方を身につけてほしいと考え、本主題を設定した。

　〈教材の概要〉ある朝、「私」が電車通学をしていると、OLらしい女性が前の席に座り、イヤホンで音楽を聞きながら朝食をとりはじめた。窓のところに置いた缶コーヒーが電車の振動で倒れそうになったので、声をかけたが、彼女は音楽に夢中で気づかない。その後、急ブレーキがかかり、飲み残しのコーヒーが「私」のスカートとノートを濡らした。彼女は電車の急ブレーキのせいにして謝った。「私」も「自分も不注意だった」と述べた。その後、顔なじみのおばさんに「あなたしっかりしなさいよ」と強い口調で言われた。

　ここで道徳的問題となるのは、OLさんのマナーの悪さであるが、適切に注意できない「私」の態度もある。この場面でどうしたらよかったかを考えさせる授業を設定した。

　まず、導入では『私たちの道徳』の「法やきまりを守り社会で共に生きる」を読み、学校や公園やバスなどを例に話し合った。次に、教材を読んで、「何が問題になっているか」を尋ねた。生徒は「OLさんの電車内の行動」や「イヤホンやコーヒーのマナー」などを指摘するとともに、「自己主張で

きない『私』の態度」にも言及した。

　そこで，教師は「自分だったらどうすると思いますか」と尋ねた。すると，「コーヒーがこぼれる前に，相手に聞こえるまで言い続ける」「肩を軽く叩いて伝える」などと答え，中には「こぼれたら強く文句を言う」や「何もしない」などもあった。さらに「どうすれば電車の中の人たち全員が気持ちよく過ごせたでしょう」と尋ねると，生徒から「イヤホンをしていてもわかるようにうまく伝えるべき」という意見が出た。

　展開後段では，「私」とOLさんとおばさんの役を3人1組で役割演技した。どうすれば公共の場で「私」がOLさんに適切に注意できるか，そして注意された方が素直に謝れるかについて，役割演技で何パターンも試しながら考えた。最後に，代表者にクラスの前で役割演技してもらい，その後で感想を語り合った。終末では，誰もが気持ちよく生活していける社会をつくるためには何が大事かを尋ねた。

　すると，生徒からは「自分がマナーを守って行動すること」「違反する人を見かけたら，相手に配慮しながら皆で注意すること」などの意見が出た。最後に，「これから1週間，公徳心を意識した行動を目標にしてみましょう」と促し，事後の道徳的実践につなげた。

　加害者が公共の場におけるマナーを守る精神をもつことも大事だが，被害者が適切に注意をしたり，周りの傍観者が支援したりすることも大事である。そこで，三者の立場で役割演技をしながら公共の場での在り方を議論した。

　こうした道徳授業は，社会科の公民的分野と関連づけて，人間としての在り方・生き方について発展的・系統的に考えてもよい。生徒が公共性や社会性のある問題について協働探究し連帯する経験を通して，よりいっそう自己実現できることを自覚するよう促すことが肝心である。

おわりに

　本書は問題解決的な学習を活用した道徳授業を創り出すための入門書である。本書はこれまでに筆者が「問題解決型の道徳授業」または「問題解決的な学習で創る道徳授業」として構想した理論と実践をもとにして，いくつかの共著や教育雑誌で連載した原稿を加える形で仕上がっている。

　参考までに，もとになった原稿の初出は，以下の通りである。
「"生きる力"を育てる問題解決型の道徳授業」
　『道徳教育』（明治図書）2013年4月号から2014年3月号まで連載。
「道徳教育の多様なアプローチ」
　『道徳と特別活動』（文溪堂）2008年4月号から10月号までの連載。
「問題解決論と展開」
　『道徳教育入門―その授業を中心として』日本道徳教育学会編
　（教育開発研究所，2008年）所収。
「『道徳の時間』で何ができるか～中学校編～」
　『道徳教育論』松下良平編著（一藝社，2014年）所収。

　本書は方法論としては，拙著『問題解決型の道徳授業―プラグマティック・アプローチ』（明治図書，2006年）の続編とも言える。前著を刊行した後，全国各地から多数の問い合わせがあり，様々なバージョンの「問題解決型の道徳授業」を開発・実践していただいた。

　特に，広島県安芸高田市立吉田小学校，栃木県鹿沼市立さつきが丘小学校，愛知教育大学附属名古屋小学校，熊本県熊本市立西山中学校などでは，学校全体の取り組みとして問題解決型の道徳授業を行っていただいた。各校の諸先生方には大変熱心に取り組んでいただき，多くの創意工夫や改善点を提案していただいたことに心より感謝を申し上げたい。

　また，本書は理論的に言えば，拙著『「生きる力」を育む道徳教育―デュ

ーイ教育思想の継承と発展』(慶應義塾大学出版会，2012年)および『実効性のある道徳教育―日米比較から見えてくるもの』(教育出版，2015年)と関連している。本書は，ジョン・デューイのプラグマティズムやトーマス・リコーナの「新しい人格教育」の理論を参考にしながらも，わが国の道徳授業の現状に合わせて，より実践的に発展させた内容になっている。

　問題解決的な学習を活用した道徳授業は，従来のような型通りの道徳授業とは根本的に理論や方法が異なるため，既定の模範解答がなく，授業者自身がオリジナルな指導案を考え出さなければならない。それゆえ，現場の先生方にとってははじめは暗中模索で大変かもしれないが，逆に授業者自身の創意工夫も生かされるため，斬新で面白く有意義なものに仕上がる可能性も高い。

　「問題解決的な学習を活用した道徳授業は難しい」と言われることがある。確かに従来のように教師が中心となって，主人公の気持ちを順番に尋ねるような授業スタイルに比べると，子どもが主体となって考え議論する問題解決的な学習はダイナミックで不確定要素が多い。しかし，何度かこの種の授業を行っていくと，教師の方も臨機応変に対応する指導力が上がり，子どもの自由な言動にも柔軟に対応できるようになる。そして，子どもたちが生き生きと道徳を学び考え議論する姿を目の当たりにすると，「これは面白い」「これはためになる」「やってみたい」という実感が得られるようになる。ぜひこうした創造的で能動的な指導方法に挑戦していただきたい。

　まずは，本書でご紹介した指導案を参考にされてもよいし，ご自身で開発されたオリジナルな指導案でもよいので，ぜひ一度，問題解決的な学習を取り入れた多様な道徳授業を実践していただきたい。そして子どもたちの反応が変わり，日常生活の言動が変化する様子をぜひ体感していただきたい。

　もし指導案や方法についてご質問などがあれば，私の研究室(岐阜県岐阜市柳戸１－１　岐阜大学大学院教育学研究科，あるいはE-mail:yagiryo@nifty.com)までご連絡ください。

最後になったが，本書の編集をご担当いただいた明治図書の茅野現氏に心より感謝を申し上げたい。本書は茅野氏から多くの助言や示唆をいただきながら試行錯誤することで，よりバランスのとれた総合的な専門書に近づけることができたように思われる。

　これからも子どもたちがよりよく生きるための道徳授業を協働して探究していきたい。本書がわが国の道徳授業の改善と発展に少しでも寄与するところがあれば幸甚である。

柳沼良太

【著者紹介】

柳沼　良太（やぎぬま　りょうた）

【経歴】早稲田大学大学院文学研究科博士後期課程修了，博士（文学）。早稲田大学文学部助手，山形短期大学専任講師を経て，現在，岐阜大学大学院教育学研究科准教授。中央教育審議会道徳教育専門部会委員。

【単著】『プラグマティズムと教育―デューイからローティへ』八千代出版，2002年。『問題解決型の道徳授業―プラグマティック・アプローチ』明治図書，2006年。『ローティの教育論―ネオ・プラグマティズムからの提言』八千代出版，2008年。『ポストモダンの自由管理教育―スキゾ・キッズからマルチ・キッズへ』春風社，2010年。『「生きる力」を育む道徳教育―デューイ教育思想の継承と発展』慶應義塾大学出版会，2012年。『実効性のある道徳教育―日米比較から見えてくるもの』教育出版，2015年。

【共著】『教育の可能性を読む』情況出版，2001年。『経験の意味世界をひらく―教育にとって経験とは何か』東信堂，2003年。『教育の臨界―教育的理性批判』情況出版，2005年。『道徳教育入門―その授業を中心として』教育開発研究所，2008年。『学校教育と道徳教育の創造』学文社，2010年。『日本のデューイ研究と21世紀の課題』世界思想社，2010年。

【編者】『道徳の時代がきた！―道徳教科化への提言』教育出版，2013年。『道徳の時代をつくる！―道徳教科化への始動』教育出版，2014年。

【翻訳】『優秀で善良な学校』慶應義塾大学出版会，2012年。

問題解決的な学習で創る道徳授業 超入門
「読む道徳」から「考え，議論する道徳」へ

2016年2月初版第1刷刊　Ⓒ著　者　柳　沼　良　太
2017年6月初版第6刷刊　　　発行者　藤　原　光　政
　　　　　　　　　　　　　発行所　明治図書出版株式会社
　　　　　　　　　　　　　　　　http://www.meijitosho.co.jp
　　　　　　　　　　　　　（企画）茅野　現　（校正）嵯峨裕子
　　　　　　　　　　　〒114-0023　東京都北区滝野川7-46-1
　　　　　　　　　　　振替00160-5-151318　電話03(5907)6701
　　　　　　　　　　　　　　　ご注文窓口　電話03(5907)6668
＊検印省略　　　　　　組版所　藤原印刷株式会社

本書の無断コピーは，著作権・出版権にふれます。ご注意ください。

Printed in Japan　　ISBN978-4-18-206228-5
もれなくクーポンがもらえる！読者アンケートはこちらから　→